LA BESTIA

Primera Edición

LA BESTIA

La tragedia de migrantes centroamericanos en México

Pedro Ultreras

Prólogo por el Padre
Alejandro Solalinde Guerra

Hispanic Institute of Social Issues
Mesa, Arizona | 2012

First Edition 2012

Library of Congress Control Number: 2012936190

La bestia, la tragedia de migrantes centroamericanos en México
Copyright © 2012 by Pedro Ultreras

No part of this book may be used, saved, scanned, or reproduced in any manner
whatsoever without the written permission of the author and/or publisher.

Front cover and interior photographs: Pedro Ultreras
Back cover photograph of Pedro Ultreras: Erica Salinas Castillo
Editor: Eduardo Barraza
Cover and interior book designer: Yolie Hernandez

Published by the
Hispanic Institute of Social Issues (HISI)
PO Box 50553
Mesa, Arizona 85208-0028
480-983-1445 | hisi.org

The views and opinions expressed in this book are those of their authors, and they
do not necessarily reflect the views and opinions of HISI.

ISBN 13:978-1-936885-08-4
Printed in the United States of America
All rights reserved

A mi hermana Benita Ultreras Rodríguez
Gracias por tanto amor que nos diste. Tu bondad, humildad y sencillez fueron una lección de enseñanza para quienes tuvimos el privilegio de conocerte. Hermana, vivirás eternamente en nuestro corazón.

A mi hermana Ramona Ultreras Reta
Te fuiste de nuestras vidas así como llegaste, pero te disfrutamos y te quisimos el tiempo que te tuvimos entre nosotros. Gracias por permitirnos entrar en tu vida y la de tus hijos.

A los migrantes que han dejado su vida en el camino tras la ilusión de cruzar fronteras buscando mejores oportunidades de trabajo y progreso para ellos y sus seres queridos por quienes emprendieron ese camino sin regreso.

Y para todos aquellos grupos o individuos alrededor del mundo que defienden, luchan, abogan, marchan y alzan su voz en favor de los migrantes.

Índice

IX   Agradecimientos

XI   Prólogo

XIII   Prefacio

3   Introducción

7   Matanza de migrantes en Tamaulipas, vergüenza de México ante el mundo

11   Cómo surgió la idea para el documental

15   Comienza la peligrosa aventura

19   "Aquí empieza el infierno"

21   Caminando rumbo a *la bestia*

23   *La bestia*, a punto de embestir de nuevo en el sur de Chiapas

25   "*La bestia* es *la bestia*, y es la que tenemos que desafiar"

33   De documentalista pasé a ser acusado de delitos federales y de ser indocumentado sudamericano

39   Un incansable defensor de los migrantes

53   "Yo he matado a varios migrantes"

59   "El tren me iba como chupando para adentro..."

67 "Prefiero lanzarme por este puente antes de regresar a mi país"

85 "He llorado de vergüenza al pedir dinero en las calles para comer"

99 "Ese tren es un demonio..."

109 "Yo no me voy a morir sin ir a Estados Unidos, y voy a ir"

137 Albergue "Jesús El Buen Pastor del Pobre y el Emigrante"

145 Perfil de Olga Sánchez Martínez Abnegada labor humanitaria

147 "¿Dónde quedaron nuestros valores, dónde quedó la justicia...?"

155 "Trabajando como un esclavo..."

167 "Nosotros somos el tiro al blanco para todos..."

173 La Caravana Paso a Paso Hacia la Paz ¿Dónde están los migrantes desaparecidos?

187 La nueva Ley de Migración de México

193 Cambios buenos y malos

203 Conclusión

208 Recursos en-línea

AGRADECIMIENTOS

Contar las historias de abusos, extorsiones, violaciones, secuestros y muertes que viven los migrantes en su paso por México a través de un libro es algo muy difícil de hacer, pues cada migrante tiene una historia tan profunda y dramática como para escribir su propio libro. Lo que en este ejemplar relato es un suspiro, comparado con los ventarrones de vivencias que ellos tienen para contar, pero es lo que presencié, lo que me relataron y de lo que fui testigo.

Nada de este trabajo jamás hubiera podido lograrse sin la valiosa colaboración y apoyo de varias personas que fueron trascendentales para convertir este proyecto en una realidad.

Antes que nada quiero agradecer a mi buen amigo y compañero de aventuras a lo largo de México, Hiram González Machi. Su apoyo y su presencia me dieron fuerzas inquebrantables para subir y bajar de los trenes. No conozco personas que dejen todo atrás, además de jugarse la vida para ir a seguir las loqueras de otro; Hiram es uno de ellos, aparte de ser uno de los periodistas más profesionales, honestos y dedicados a esta labor de informar que conozco. Sin él, el documental *La bestia*, y por consiguiente este libro, no hubieran sido posible. Amigo, estoy en deuda contigo.

Una vez hecha la travesía y el documental terminado, mi buen amigo Eduardo Barraza me impulsó bastante para iniciar esta obra literaria. Eduardo es uno de los periodistas más íntegros, profesionales y transparentes que he conocido en los 20 años que llevo de carrera periodística. Además, siempre ha creído profundamente en mi trabajo y me ha apoyado incondicionalmente desde que nos conocimos hace ya varios años. Eduardo, tú me hiciste creer que sí podía escribir este libro, me impulsaste, me guiaste y me corregiste como sólo un buen editor y un buen amigo lo puede hacer. Gracias por tus consejos, tu guía y por creer en mí.

Gracias al padre Alejandro Solalinde por darme de comer una cansada y hambrienta noche de octubre que llegué a su albergue con decenas de migrantes centroamericanos. Aparte de quitarme el hambre, me aconsejó, me guió y me pidió que extremara mis precauciones y usara mucho sentido común a lo largo de la travesía. Me dijo que me necesitaban vivo para contar la historia que estaba filmando. Gracias por su complicidad en este proyecto y el apoyo que me ha seguido brindando en las múltiples presentaciones del documental en México y Estados Unidos.

Agradezco también al padre Flor María Rigoni, a la señora Olga Sánchez, al padre Heyman Vázquez, y a todos y cada uno de los albergues para migrantes que me abrieron sus puertas en todo México para realizar el documental *La bestia* y este libro.

A los migrantes que me abrieron su alma y se despojaron del miedo o la timidez para contarme sus historias, entre ellos, Alicia Rivera, Ana María López, Maribel Centeno, William Amaya y su hijo Germán Amaya, Silvio José Blanco, los hermanos Julio y Pedro Monjibar, José C. Alemán Guardado, Eva García Suazo, Guiro Jiménez y Edgar Sáenz, entre muchos otros, y a todos los que participaron en este proyecto.

A mi hermana Benigna y a cada uno de mis hermanos, gracias por el apoyo y el amor que me brindan. Por comprender que si no los visito con la frecuencia que quisiera es por mis constantes viajes por el mundo en busca de mis sueños, pero los quiero y los llevo en mi corazón a cada lugar que voy.

Y muy especialmente a Ibra Morales, uno de los seres más maravillosos que han tocado mi vida. Nada de lo que he hecho o de lo que he logrado en los últimos años hubiera sido posible sin ti. Tu incondicional apoyo, tu cariño y tu amistad me han guiado a descubrir nuevos senderos e irme descubriendo a mí mismo en cada uno de mis trabajos. Gracias por creer tanto en mí y por ser esa inquebrantable montaña en mi vida donde tantas veces me he recargado y de donde, gracias a tus palabras y sabios consejos, me he enderezado cada momento que he estado a punto de caer.

PRÓLOGO

El libro está basado en la película del mismo nombre. La cinta representa una *toma* fotográfica irrepetible y única, de la historia reciente, en la que intervienen diversos actores visibles e invisibles, en esa gama compleja de sueños, pero también de realidades humanas, difíciles de leer superficialmente.

Pedro Ultreras, desafiando los riesgos, se lanzó a una búsqueda valiente y profunda en los mundos de la frontera sur. Tomó la decisión de emprender la experiencia del camino sobre *la bestia*. Después de esto, el autor ya no podrá mirar la realidad de la misma manera. La captación paulatina de la vida y muerte migratoria, permitió descubrir acciones y omisiones inhumanas de sistemas e instituciones, pero también el rostro solidario de la gente, especialmente de las mujeres como "Las Patronas".

La bestia no agota todo lo que el director registró en su interior; tal vez ni siquiera haya podido expresar momentos que lo marcaron. Es por ello que Ultreras da un paso más, *emigrando*, del género cinematográfico, al literario, permitiéndose compartirnos más profundamente su increíble experiencia de caminar con nuestros hermanos más empobrecidos. Esta obra, nos da la oportunidad de seguir el hilo conductor de nosotros los humanos, en situación de migrantes, en un contexto hostil y despiadado, buscando siempre un sueño.

Casi todos los actores no pudieron realizar su sueño; incluso éste se presentó como una interminable pesadilla. ¡Pero el sueño ahí está! Y no es Estados Unidos. El reto que nos deja esta obra de Pedro Ultreras, consiste en recoger la estafeta, hacer a un lado la frustración y el miedo a un nuevo fracaso, continuar el *viaje* para *migrar*, desde nosotros mismos, hacia el logro de sociedades justas, respetuosas e incluyentes. Solamente *viajando* en *la bestia*, nos encontraremos con todas esas "bestias" que nos han robado nuestra calidad de vida, nuestra paz. Son bestiales las condiciones del camino que nos han impuesto los poderosos desde su egoísmo, así como el descontrol de las bestias que llevamos dentro, como la ceguera social, los prejuicios y las exclusiones.

El sueño ahí está, encarnado en una mujer heroica: Alicia, paradigma de lucha que lo arriesga todo por su familia, a ejemplo de Jesús que lo entregó todo sin esperar nada. Las lágrimas de Alicia nunca lograron apagar el fuego de su amor y su esperanza. La vimos sonreír llorando, y al final, llorar de alegría por que consiguió su meta, aunque el sueño no se haya logrado del todo.

La bestia no tiene un final feliz, pero sí muchas enseñanzas. Este final inconcluso resulta de un gran valor adicional para el lector, a quien se le deja la responsabilidad de descubrir su sueño y lanzarse por conquistarlo, al lado de millones de personas solidarias que van globalizando el amor; que están *ocupando* ciudades y plazas, para construir entre todos y todas, el sueño de la verdadera paz. Esa paz, no caerá del cielo, se conquistará del esfuerzo de los Pedros y las Alicias. Ellos nos permitieron entender que esos personajes migrantes, somos en realidad nosotros mismos.

Alejandro Solalinde Guerra
Oaxaca, México

Prefacio

Desarrollo, derechos humanos y migración son temas dinámicos que se encuentran en constante tensión y que convergen entre lo utópico y lo fáctico, es decir, están estrechamente relacionados pero inscritos en un amplio contexto: el modelo económico global.

En este sentido, el ambiente que se ha generado en torno al desarrollo es irónico, ya que si bien la Declaración de las Naciones Unidas sobre el Derecho al Desarrollo señala que éste es un derecho humano inalienable, por el que todo ser humano y todos los pueblos están facultados para participar en un desarrollo económico, social, cultural y político en el que puedan realizarse plenamente todos los derechos humanos y libertades fundamentales, a contribuir a ese desarrollo y a disfrutar de él, lo cierto es que cada vez se intensifica más la brecha económica entre los Estados y en su propio interior, con todas las implicaciones que esto conlleva, entre ellas, la notoria polarización del desarrollo social.

En suma, estas transformaciones han generado e intensificado el fenómeno de *migración forzada*.

Detrás de la migración forzada de cada persona y el abandono de sus casas, sus pertenencias, su tierra y su familia, está la ausencia del ejercicio del derecho humano al desarrollo.

Es en este contexto que la bestia profética pareciera haber cumplido a su anunciación al volver en forma de bestia de metal, que lleva a miles de hombres, mujeres, niños y niñas en su lomo a una tortura en vida, como si fuera el castigo por su *"avaricia"* de mejores oportunidades, y muchas veces más, los atrapa en su estela para llevarlos al infierno mismo; es *La bestia, la tragedia de los migrantes centroamericanos en México*.

Así, a través de este libro, Pedro Ultreras nos muestra sin tapujos y desde la visión e historias de las y los propios migrantes, la realidad que sufren día a día frente a una *bestia hambrienta e imparable*, pero también logra sensibilizarnos y adentrarnos en su problemática y tocar nuestras más hondas fibras para que poniéndonos en sus zapatos, por decirlo de alguna manera, entendamos y contribuyamos a acabar con este flagelo.

Desde el enfoque de los derechos humanos el concepto de *migración forzada*, hace referencia a los exiliados, refugiados o desplazados que son prácticamente expulsados de sus lugares de origen, hombres, mujeres, niñas y niños que por necesidad y con la expectativa de acceder a medios de subsistencia muchas veces caen en situación de vulnerabilidad y explotación extremas; pero el enfrentamiento a riesgos y peligros durante su trayecto migratorio termina, si llegan, con su esperanza en los lugares de destino en condiciones de precariedad, exclusión social y discriminación.

Estos migrantes se encaminan a su *"destino"* en condiciones muy adversas, al tener que sufrir muchas veces la pérdida de la vida, la mutilación física y espiritual y la violación a sus derechos humanos, al ejercer trabajos forzados, sufrir de discriminación, de secuestros, de la trata de personas, de los abusos de la autoridad y de la criminalización por su condición de migrante.

De esto es de lo que nos da cuenta el valioso libro de Pedro Ultreras, quien logra reunir a actores visibles e invisibles que encarnan las historias que no pudieron ser contadas en el documental que lleva el mismo título, pero a las que era necesario darles un espacio y una voz para su presentación al mundo.

Pedro Ultreras, en su viaje por México con migrantes centroamericanos, nos da a conocer en este texto las historias que le contaron y buena parte de lo que presenció, de lo que fue testigo fiel. Aunque las narraciones que nos presenta el autor en este libro son, en sus propias palabras, un suspiro comparado con los ventarrones de historias que ellos [los migrantes] tienen para contar.

Esto también nos lleva a reflexionar en la complejidad que viven los países de origen y tránsito de migrantes, ya que, por una parte, se denuncian violaciones a los derechos humanos de sus connacionales al llegar a su destino y, por otra, también hay violaciones a los derechos de las y los extranjeros que se introducen en su territorio.

Así, el texto que hoy tenemos en nuestras manos pone al descubierto una realidad que nos invita a pensar en las violaciones sistemáticas a los derechos humanos de las y los migrantes, pero también a hacer propuestas para detener la *voracidad de la bestia*, lo que en buena medida depende de que los gobiernos generen las políticas públicas y condiciones de desarrollo e igualdad de oportunidades que les permitan a las personas tener la opción de quedarse en su hogar.

Emilio Álvarez Icaza
Defensor de Derechos Humanos
México

Introducción

Intentar contar la tragedia que viven los migrantes indocumentados de paso por México en un documental o un libro es una tarea dantesca para cualquier cineasta, documentalista o escritor, y es que cada migrante tiene una historia tan sufrida y dramática que es digna de su propio libro o de un documental. La cadena de sufrimientos que enfrentan estas personas a lo largo de México es tan grande que me atrevo a decir que es casi infinita.

Y es que sólo cruzar el país de manera indocumentada, caminando por montes, cruzando ríos, rodeando poblados o viajando en techos de trenes de carga sin importar las condiciones meteorológicas, el hambre o el cansancio, es ya un reto en el que se juegan la vida en cada segundo. Pero además de estos sufrimientos naturales otorgados por su condición irregular en México, los migrantes que intentan cruzar ese país con la esperanza de llegar a Estados Unidos enfrentan todo tipo de abusos. Y es que desde el momento que ponen un pie en territorio mexicano, pareciera que por arte de magia se convierten en víctimas de secuestros, extorsiones, robos, violaciones sexuales, abusos físicos y muy frecuentemente asesinatos. Y sus victimarios, aparte de los asaltantes comunes y miembros del crimen organizado, lamentablemente son también las autoridades mexicanas en todos sus niveles.

El problema de abusos y violaciones de los derechos más elementales de estos migrantes, centroamericanos en su mayoría, ha estado presente en México por varias décadas, y aunque medios de comunicación, autoridades y el mismo gobierno conocían perfectamente su existencia, parecía que había un interés en que el mundo no supiera mucho de ello. Muy poco se hablaba del tema, como si existiera una confabulación para mantenerlo oculto, alejado de la mirada del mundo.

Pero después de la llamada guerra que el gobierno del Presidente Felipe Calderón le declaró a los cárteles de la droga y al crimen organizado cuando tomó las riendas de la nación a finales de 2006, y de que esto diera pie a una violencia desmedida en todo el país —la cual hasta el cierre del año 2011 había dejado cerca de cincuenta mil muertes desde que Calderón se convirtió en presidente— los ataques, abusos y asesinatos a migrantes de paso por México se hicieron más obvios y empezaron a tomar notoriedad, principalmente en los últimos tres años, 2009, 2010 y 2011. Estos migrantes han sido el blanco perfecto para todo tipo de robo, secuestro y extorsiones, además de intentar obligarlos a integrarse a los grupos delictivos, y cuando no se logra ese objetivo, les quitan la vida como si se tratara de perros callejeros.

A finales de 2007, cuando aún no se hablaba mucho de este tema en medios nacionales y a nivel internacional y se desconocía bastante información y datos sobre dichos abusos a estos migrantes, hice un par de recorridos por la llamada "ruta del migrante" siguiendo a decenas de ellos a lo largo de México con la intención de filmar un documental y dar a conocer lo que viven, lo que sufren y lo que enfrentan mientras atraviesan México para intentar introducirse a los Estados Unidos. Para estos migrantes indocumentados, la mejor forma de cruzar México sin ser detenidos por inmigración mexicana es yendo montados en los techos de trenes de carga que ellos conocen como *la bestia*, y a los cuales se suben en la frontera sur, después de ingresar a México por Guatemala.

Terminar el documental que titulé *La bestia* me tomó un poco más de dos años, pero finalmente salió al mercado y se ha presentado con éxito en Estados Unidos y en México. Sin embargo, lo que presencié, los testimonios que recogí y las historias que me contaron fueron tantas y tan desgarradoras que un documental no era suficiente para dar a conocer en detalle el calvario que viven los migrantes cuando cruzan México de manera indocumentada. Además después de filmar *La bestia*, en México se presentaron algunos acontecimientos que dieron un giro a la historia del país con relación a los migrantes de tránsito, y eso ya no logró salir en el documental.

Por la complejidad del tema y la abundante información, decidí hacer este libro el cual me permite presentar algunas de las historias que más me impactaron durante la filmación de *La bestia*, y no solamente pequeños fragmentos de sus entrevistas, como salieron en el documental. Algunos de los relatos que aquí encontrarán fueron excluidos del filme por varias razones, entre ellas porque hubo migrantes que no deseaban ser identificados, las entrevistas eran muy largas o la historia, aunque muy impactante, se salía un poco de la trama que quería darle al documental. El libro me permite describir el recorrido de los migrantes por México en más detalle y presentar algunas de las entrevistas inéditas, tal como me las contaron. Este tomo también me da la oportunidad de narrar mi propia experiencia, lo que yo mismo viví para filmar *La bestia*.

Este ejemplar además también incluye información producto del seguimiento que he dado a este tema después de la filmación de mi documental, como la reciente aprobación de la nueva Ley de Migración mexicana, la creciente ola de secuestros, extorsiones y asesinatos a migrantes, y la "Caravana Paso a Paso Hacia la Paz" que se llevó a cabo en México a finales de julio de 2011.

Matanza de migrantes en Tamaulipas, vergüenza de México ante el mundo

El 22 de agosto del año 2010, una matanza en el noreste de México enlutó a toda Latino América, a organismos defensores de los derechos humanos, y a cualquier persona que aprecia y respeta la vida. Setenta y dos migrantes centro y sudamericanos habían sido asesinados de una manera cruel y salvaje. Su error, ser migrantes indocumentados de paso por México, y haber llegado a un estado controlado por el crimen organizado en el noreste del país.

Los migrantes asesinados eran originarios de Guatemala, El Salvador, Honduras, Ecuador y Brasil. Fueron secuestrados por el grupo criminal conocido como "Los Zetas". La masacre fue perpetrada debido a que los migrantes o sus familiares no pagaron el dinero que les exigían para que los dejaran libres, y porque no aceptaron ser parte de esa banda de criminales, según dijo uno de los dos sobrevivientes.

El múltiple homicidio se registró en el ejido El Huizachal, del municipio de San Fernando en el estado Tamaulipas, a unos 150 kilómetros de la frontera con Estados Unidos. La horrible matanza hizo noticia en todo el mundo, y pronto gobiernos de todas partes y organismos de derechos humanos nacionales e internacionales condenaban el masivo asesinato, mientras que exigían una pronta respuesta al gobierno del presidente mexicano Felipe Calderón. La bomba había reventado; los continuos abusos, extorsiones, secuestros y asesinatos a migrantes de paso por México ya no podrían ser ocultados.

Finalmente, el mundo se enteraba de un problema que tenía raíces en México y que por décadas había sido ignorado. Un conflicto que muchos conocíamos de cerca y que el padre Alejandro Solalinde Guerra y varios defensores de los migrantes en el sur de México habían venido denunciando sin que nadie los escuchara.

El masivo asesinato de esos 72 hombres y mujeres centro y sudamericanos se había convertido en un parteaguas social en el asunto del constante abuso de migrantes en tránsito por México. Ese 22 de agosto marcaría un antes y un después para quienes entran de manera irregular al país. Ese día, con las protestas, las denuncias y los debates surgidos a raíz de la masacre, se empezaría a escribir por primera vez en la historia de México una ley de inmigración que exigiría respeto a los derechos de cualquier migrante indocumentado que entre o cruce dicho país.

Los muertos, los secuestrados, los violados y los diariamente abusados a lo largo del territorio mexicano, habían hablado y sus voces de reclamo finalmente se empezaban a escuchar.

Cuando me enteré de la matanza de migrantes en Tamaulipas, fue a través de la Internet. De hecho, lo leí en mi teléfono BlackBerry. «Encuentran 72 cuerpos acribillados en un rancho de Tamaulipas en el norte de México», decía el encabezado de la noticia.

No abrí la nota para leerla completa porque aunque el número de muertos era muy abultado, pensé que se trataba de un asesinato entre miembros de los cárteles de la droga mexicanos que se disputan el control de esa zona.

Quiero enfatizar que tengo mucho respeto por la vida, sin embargo, me dije a mí mismo, "Otro ajuste de cuentas entre esos grupos de criminales; por mí, que se sigan matando unos con otros hasta que se aniquilen entre ellos mismos, quizás así se acabe pronto el problema y la paz regrese a México..." Y es que como dicen en mi pueblo, "muerto el perro se acaba la rabia".

Pero qué lejos estaba de la verdad. Jamás imaginé que las 72 muertes eran de inocentes migrantes que sólo querían cruzar a Estados Unidos, y que tuvieron la mala suerte de atravesarse en el camino de asesinos a sueldo, gente despiadada que no tiene respeto por la vida de nadie.

Fue por la noche que vi la historia completa en uno de los noticieros nacionales en español de Estados Unidos. Mis ojos no podían dar crédito a las imágenes que mostraba la televisión: eran 58 hombres y 14 mujeres tendidos bocabajo, atados de las manos, algunos apilados encima de otros; todos habían recibido un balazo por la espalda o en la cabeza. Dos migrantes habían sobrevivido porque se hicieron pasar por muertos, aunque estaban heridos.

Fue muy difícil aceptar lo que veía porque durante la filmación de mi documental *La bestia*, conviví con los migrantes que cruzan por México de manera ilegal. Sé lo espinoso que es para ellos el camino desde que entran por la frontera que divide a México y Guatemala.

Conozco de primera mano el sufrimiento que viven para llegar a la frontera de México con Estados Unidos. Su travesía por el llamado país azteca, es un calvario. Son víctimas de todo y de todos. Pero el saber que habían asesinado a una cantidad de esa magnitud y de esa manera tan cobarde, me hizo pensar que el problema ya había llegado muy lejos. Se me encogió el corazón de tristeza, y a la vez me entró una rabia e impotencia que no sabía cómo desecharla ni en contra de quien.

Al día siguiente platiqué la noticia con un amigo y le comenté que esperaba que estas muertes no cayeran en saco roto. Le dije que deseaba que el mundo ahora sí se diera cuenta de la tragedia que viven los migrantes de paso por México, y que los medios de comunicación le dieran un poco más de atención a este tema, no sólo cuando se registraran secuestros masivos o asesinatos de esta índole.

Sin embargo, lo que más deseaba era que finalmente le diera un poco de vergüenza al gobierno de México después de que la noticia recorriera el mundo entero, a ver si así le ponía atención al problema. Siempre me ha molestado saber que el gobierno mexicano se queje constantemente ante su homólogo americano por los abusos a mexicanos en Estados Unidos, mientras que permite que en su país los migrantes centro y sudamericanos sean abusados, pero cincuenta veces más, y en muchas ocasiones por sus mismas autoridades. "¿Con qué cara puede exigir justicia?", me he preguntado constantemente.

También pensé que esto podría servir para que los gobernantes centroamericanos aprendieran a defender más enérgicamente a su gente, que es abusada y violada de sus derechos más fundamentales cuando pasan por México, y que le exigieran al gobierno mexicano, de manera definitiva, que ya era hora de hacer algo para que terminen tantos atropellos a sus connacionales.

Elevé a estos migrantes a mártires, pues sin saberlo, dieron sus vidas para que gobierno, autoridades, sociedad y organismos humanitarios despertaran ante una situación que estaba ya fuera de control y que casi todos se negaban a reconocer. Me dije, "Espero que sus muertes no queden en el olvido como frecuentemente quedan muchos otros crímenes en México".

Conozco demasiado bien el andar de estos migrantes por todo México. He visto y he vivido parte de su sufrimiento. Cuando realicé mi documental *La bestia*, descubrí un mundo del que algunos hablan pero que muy pocos conocen. Y los que habían oído de este problema sabían tan poco que no sabían nada.

Recorrer México con los migrantes centroamericanos en el lomo de *la bestia*, visitar los albergues, caminar por las vías ferroviarias donde se aglomeran a lo largo del país, esperando el también llamado "tren de la muerte", sentarme con ellos a platicar y escuchar las historias y los testimonios de los crímenes más horrendos que se comenten en su contra, y ver su cara de miedo ante autoridades y asaltantes, me permitió conocer el sufrimiento humano más grande de todos.

Atravesar México de manera ilegal es para cualquier migrante un verdadero calvario, un "Vía Crucis" de miles de kilómetros. Yo sólo puedo catalogar este recorrido cómo la travesía más cruel, más sangrienta y más sufrida que pueda existir en ninguna otra parte del mundo.

Lo que vi, lo que viví y lo que me contaron los migrantes centroamericanos en los albergues, en las vías ferroviarias y en los techos de los trenes de carga mexicanos mientras filmaba el documental *La bestia*, sin duda me cambió la vida.

Cómo surgió la idea para el documental

Durante el verano de 2007, Hiram González, un buen amigo y periodista independiente de Nogales, Sonora, México, me propuso subirnos a la famosa *bestia*, filmar a los migrantes centroamericanos y hacer una serie de reportajes para una cadena de televisión hispana de los Estados Unidos. *La bestia*, esos trenes de carga mexicanos que atraviesan el país de frontera a frontera, a los cuales miles de migrantes ven como única alternativa para cruzar México sin ser detenidos por las autoridades migratorias.

Consciente del peligro latente que dicha propuesta periodística representaba, Hiram me sugirió que nos subiéramos a *la bestia* en la última parte del recorrido de los trenes que van con destino a la fronteriza ciudad de Nogales, Sonora.

Originalmente, la aventura empezaría en la estación del municipio de Benjamín Gil, Sonora, a unos 150 kilómetros de la frontera de Nogales. El viaje sería de no más de tres horas de trayecto. Tiempo suficiente para hacer varias entrevistas y tomar video con dos cámaras antes de llegar a Nogales. La idea inicial me pareció buena pero poco ambiciosa.

—"¿Y por qué no lo hacemos desde el momento que entran a México, desde Chiapas?", le propuse a mi amigo Hiram.

—"Estás loco", contestó. "Eso sería como un suicidio. No se te olvide que yo tengo hijos", me objetó.

Cambiamos de tema y seguimos conversando. Pero la idea de subirme a *la bestia* desde la frontera entre México y Guatemala se me quedó muy clavada en la mente.

En las siguientes semanas me puse a leer sobre el tema de la migración centroamericana en tránsito por México; toda la información que encontraba en Internet. También llamé a algunos amigos centroamericanos radicados en la Unión Americana y a líderes de grupos defensores de los migrantes que conozco para ver qué me contaban al respecto. Entre más leía, o más me platicaban sobre este fenómeno, más me sorprendía y más me interesaba el tema. Durante esos días, había viajado de Nueva York a Tucson, Arizona, una ciudad situada a 112 kilómetros al norte de Nogales, Sonora, para hacer una investigación sobre un documental que quería realizar acerca de la construcción del muro en la frontera México-Estados Unidos y los efectos que tendría en la vida silvestre de la región.

Un par de meses después fui a Nogales a visitar de nuevo a mi amigo Hiram. Llevaba un plan que presentarle. Le propuse hacer un documental más extenso sobre el tema de *la bestia*. Yo correría con todos los gastos y sería yo quien se subiría al techo de los trenes de carga. Él me seguiría en auto a lo largo del recorrido y me esperaría en las estaciones donde el tren parara.

Conozco muy pocos periodistas que se resisten a un proyecto donde los riesgos y el peligro son parte de la aventura. Hiram no fue la excepción. Unas semanas más tarde estábamos viajando de extremo a extremo del territorio mexicano. De la frontera norte a la frontera sur.

Realizamos dos viajes. El primero fue para hacer la investigación previa, para conocer el camino y después regresaríamos a filmar el documental. Primero queríamos empaparnos del tema, conocer los puntos geográficos de la travesía, y visitar los albergues donde los migrantes descansan y se alimentan para luego seguir su viaje. Deseábamos platicar con migrantes, defensores de derechos humanos, líderes de grupos que abogan por los migrantes, autoridades policíacas y migratorias, y hasta con traficantes de humanos o *coyotes*, como muchos les llaman. Ese primer viaje de exploración lo empezamos en la ciudad de Tecún Umán, Guatemala, frontera con Chiapas, México.

La mayoría de las personas con quien comentamos nuestra idea de subirnos a *la bestia*, trataron de hacernos desistir de nuestros planes.

—"Pues allá ustedes, pero no les recomiendo que se suban a los trenes", nos advirtió el Padre Alejandro Solalinde, director del albergue para migrantes "Hermanos en el Camino", en Ixtepec, Oaxaca, México, cuando le contamos nuestras intenciones la primera vez que llegamos a su albergue de regreso de la frontera con Guatemala, mientras hacíamos el reconocimiento de los puntos de la travesía a donde eventualmente regresaríamos a filmar. "Si los asaltantes los encuentran con una cámara de filmación arriba del tren, seguro que no querrán evidencias y los matan. Los necesitamos vivos para que terminen su documental; recojan testimonios de los migrantes y relaten lo que ocurre en este recorrido", nos sugirió.

Al final de ese primer viaje, no estábamos seguros de querer regresar para empezar la filmación a bordo del tren. El proyecto era más peligroso y más sufrido de lo que nos imaginábamos. Lo empezamos a ver como una especie de ruleta rusa para nosotros. Aún más para mí, pues sería yo quien se subiría a la llamada *bestia* o "tren de la muerte", como también lo conocen muchos. Además, después de ese primer recorrido terminamos deprimidos con las historias que conocimos. Nunca habíamos escuchado que a un migrante se le violaran tanto sus derechos más básicos como se le violan en México, y no sólo por parte de los asaltantes, sino por personas civiles y autoridades. Y todo por intentar cruzar de manera ilegal el país para posteriormente tratar de internarse a los Estados Unidos. La mayoría de estos migrantes no busca quedarse en México. Ellos van de paso. Su meta es clara: sólo les interesa llegar a la Unión Americana.

Las historias de los migrantes centroamericanos eran desgarradoras. Vimos de cerca la cara del sufrimiento en su máxima expresión. Conocimos a centroamericanos que habían perdido partes de su cuerpo, ya sea por que se habían caído del tren o porque los tumbaron, y muchos de ellos habían sido víctimas de las mismas autoridades mexicanas.

Ni Hiram ni yo podíamos creer que eso ocurriera en México, nuestro

México. Un país que con frecuencia se queja ante el gobierno de los Estados Unidos por los abusos que según el gobierno de México sufre su gente a manos de las autoridades "gringas", especialmente la llamada "migra" o Border Patrol. Cómo es posible que, por un lado, México reclame respeto y, por el otro, permita que en su propio territorio, se abuse a los migrantes centroamericanos, pero muchas veces más.

Pero la idea ya estaba sembrada. Nada nos haría desistir de concretar nuestros planes. El miedo a ese recorrido era latente, pero eran más grandes los deseos de contar lo que habíamos escuchado, las historias que nos habían platicado decenas de migrantes. Sentíamos el compromiso de presentar las voces de esos seres abusados en nuestro país natal. Deseábamos que a través de nosotros se conociera un poco su tragedia. Queríamos que se escucharan las voces de esos hombres y mujeres invisibles para las autoridades cuando se trata de protegerlos, pero perfectamente visibles para robarlos, golpearlos o para arrancarles la vida.

Comienza la peligrosa aventura

Hiram manejó su pequeño auto Nissan Sentra color gris, que nos acompañaría en la aventura, desde su natal Nogales, Sonora, hasta la Ciudad de México, donde quedamos de encontrarnos, para de allí continuar a Chiapas. El recorrido le tomó a Hiram cerca de dos días de camino.

Yo llegué a Ciudad de México un día más temprano que Hiram. Antes, yo había tenido que viajar a Ciudad Juárez, Chihuahua, por motivos personales. En Ciudad Juárez tomé un autobús hasta la capital del país. Es una distancia de 1,850 kilómetros aproximadamente. Lo hice de ese modo porque quería empezar a sentir de alguna manera lo que viven los migrantes antes de subirse a *la bestia*. Y es que cuando ellos llegan a la frontera México-Guatemala arriban ya física y emocionalmente agotados por el largo viaje en autobús desde sus países de origen. Para cuando pisan territorio mexicano, sus cuerpos ya están molidos de cansancio, y lo más difícil de la travesía aún está por empezar.

La mayoría de los migrantes que cruzan por México con rumbo a Estados Unidos son originarios de Honduras, El Salvador, Guatemala y Nicaragua, aunque viajan de todos los países de Centroamérica. Sin embargo, con frecuencia se ven personas que emigran desde Sudamérica.

Ecuador es uno de los países del Cono Sur de donde más gente intenta cruzar México. Pero no es extraño ver ciudadanos brasileños, colombianos o peruanos.

Sin duda lo que llama mucho la atención es conocer migrantes de otras partes del mundo como África, Oriente Medio y Asia. A nosotros nos tocó conocer a un hombre joven de Kenia y una familia de Irak; eran el papá, la mamá y dos hijos adolescentes que tenían pocos días de haber entrado a México por Guatemala. Pero también supimos de migrantes chinos y africanos, principalmente, que con frecuencia ingresan a México por la frontera sur. Todos tienen como objetivo final llegar a Estados Unidos.

Yo quería sentir ese cansancio físico y emocional que los migrantes viven para cuando entran México. Si me iba subir a los trenes como ellos, entonces quería experimentar un poco de lo mismo. Vaya, quería aclimatarme a las mismas circunstancias. Creí que viviendo esa experiencia podría transmitir mejor el mensaje en mi documental. Por eso hice el viaje en autobús durante más de 24 horas desde Ciudad Juárez hasta la capital del país. En Ciudad de México nos encontramos Hiram y yo y de ahí manejamos hasta Chiapas. El recorrido en automóvil nos tomó cerca de 20 horas.

La entrada de Guatemala a México se hace por los estados de Tabasco y Chiapas. Son varios puntos de entrada, pero es Ciudad Hidalgo, Chiapas, por donde la mayoría de los migrantes prefiere cruzar. Antes de pisar suelo mexicano hay que desafiar el caudaloso Río Suchiate. Algunos se atreven a cruzarlo nadando, pero la mayoría usa los servicios de balsas, las cuales son hechas de neumáticos de tractores con una plataforma de tablas encima. El precio que se cobra para cruzar sobre estas balsas es el equivalente a tres dólares por persona. Los balseros con frecuencia se exceden en el cobro cuando saben que los migrantes vienen de otros países. Es ahí donde muchos comienzan a vivir los primeros abusos de su larga travesía.

Hiram y yo también cruzamos el Río Suchiate en balsas un día nublado de octubre al caer la tarde. Al cruzar a lado mexicano, unos policías esperaban la balsa para pedir documentos a los viajeros. A nosotros también nos cuestionaron pero nos identificamos como periodistas y no dijeron más. En esa balsa no venían migrantes, de otro modo los hubieran detenido.

Permanecimos un buen rato a la orilla del río por el lado mexicano esperando ver si cruzaban personas con rumbo a Estados Unidos, pero la mayoría eran locales que cruzan a diario de un lado a otro de la frontera entre Guatemala y México por cuestiones comerciales. De seguro los que querían cruzar sin documentos fueron notificados que las autoridades mexicanas los estaban aguardando al otro lado. Es muy común que los mismos balseros les avisen a los migrantes indocumentados cuándo se puede o no cruzar. Muchas veces esta información también cuesta unos pesos de más.

La frontera de Tecún Umán, Guatemala y Ciudad Hidalgo, Chiapas, México, está conectada por un puente internacional con sus respectivas aduanas migratorias, pero estas garitas de inmigración las cierran al anochecer y la gente no tiene otra alternativa que cruzar en balsas, y es que por este medio de transporte se puede hacer a cualquier hora del día y de la noche.

Los migrantes que ingresan a México acusan a las autoridades mexicanas de extorsionarlos después de cruzar el río. Pocas ocasiones se trata de agentes de inmigración los que los detienen. La mayoría de las veces son policías locales o estatales quienes les quitan cuanto dinero traen para dejarlos ir. Muchas veces también los despojan de documentos de identidad que los migrantes llevan. Y cuando no son las autoridades son los asaltantes o miembros del crimen organizado que quieren secuestrarlos para extorsionar a sus familias o forzarlos a integrar sus bandas criminales. El caso es que muy pocos migrantes se salvan de algún atraco o extorsión al cruzar el Río Suchiate.

"Aquí empieza el infierno"

"**A**quí se debería escribir como Dante: «*Aquí empieza el infierno*»", nos dijo el Padre Flor María Rigoni, director del albergue para migrantes, "Belén", en Tapachula, Chiapas, el primero de los albergues que encuentran los migrantes que entran por ese estado. Y la verdad que para los migrantes centroamericanos, México es un infierno desde el momento que ponen un pie en ese país. No obstante, los diversos albergues a lo largo de la llamada ruta del migrante por todo México, se convierten para ellos en un alivio breve en medio de ese infierno.

Debo enfatizar que si bien los abusos, asaltos, secuestros y muertes están prácticamente a la orden del día para los migrantes, éstos son cometidos por pandilleros, miembros del crimen organizado y autoridades en muchas ocasiones, pero el ciudadano común, la mayoría de las veces es bondadoso y caritativo. Con frecuencia les dan dinero, comida o ropa cuando pasan por las áreas donde los migrantes se aglomeran o cuando estos van a tocar a las puertas de sus casas. Para mejor prueba está el caso de "Las Patronas", en el estado de Veracruz. Estas mujeres por años se han dado a la tarea de salir al paso del tren y tirar botellas con agua y bolsas con comida a los migrantes que van colgados de los trenes.

Una vez que han cruzado el río, los migrantes llegan a Ciudad

Hidalgo, frontera con Guatemala, pero como en Ciudad Hidalgo no existe casa para migrantes, estos intentan llegar a la ciudad de Tapachula, a unos 35 kilómetros al norte de la frontera por donde cruzaron. Allí encuentran el primer albergue de todos, precisamente es el albergue Belén del padre Flor María Rigoni, donde comen y descansan por tres días.

En estos albergues también se orientan sobre el camino que deben tomar. En algunos de esos refugios en el sur de México, tienen mapas que muestran las rutas que recorrerán a lo largo del territorio mexicano o mapas de la Unión Americana indicando la ubicación geográfica de las principales ciudades. Esto sirve para que los migrantes tengan una idea de dónde se encuentra el lugar a donde se dirigen. Muchos de estos migrantes no saben en qué parte de la Unión Americana está ubicada la ciudad que llevan como destino, porque nunca antes han visto un mapa de los Estados Unidos.

La mayoría de los albergues para migrantes que hay a lo largo de México les permiten quedarse sólo tres días, tiempo suficiente para descansar y retomar energías, pero muchos se van antes; saben que entre más avanzan más pronto llegarán a su destino. Y es ahí en los albergues donde empiezan a hacer amigos o a formar pequeños grupos para no viajar solos.

Después de esos tres días de descanso, los migrantes se preparan para continuar su largo y difícil viaje. Si bien ya están en México, aún se encuentran lejos de subirse a los trenes cargueros. La llamada *bestia* hay que tomarla en Arriaga, Chiapas, una ciudad a 275 kilómetros al norte de la frontera con Guatemala, y para llegar a Arriaga se tiene que caminar.

Caminando rumbo a *la bestia*

Antes del año 2005, los migrantes tomaban el tren en Ciudad Hidalgo, pero en octubre de ese año el paso del huracán "Stan" destruyó las vías ferroviarias y desde entonces el tren sale desde Arriaga. Debido a que la carretera entre Tapachula y Arriaga está literalmente saturada de estaciones migratorias, los migrantes no pueden viajar en auto o usar ningún tipo de transporte público. Eso significaría caer en manos de las autoridades migratorias y ser deportados de inmediato. La única alternativa que tienen es caminar esos 275 kilómetros por el monte o siguiendo las antiguas vías del tren; un camino muy sufrido y peligroso. Este viaje a pie les puede tomar hasta dos semanas.

El recorrido a lo largo de las antiguas vías del tren entre Tapachula y Arriaga es un verdadero nido de asaltantes, violadores y secuestradores. Pocos son los migrantes que se libran de cualquier tipo de atraco. En este recorrido se habla de asaltos y extorsiones de pandilleros, de autoridades de todos los niveles y hasta por parte de civiles que viven a las orillas de las vías, incluso en el último año y medio se ha sabido de secuestros perpetrados por "Los Zetas".

Muchos migrantes han perdido la vida entre Tapachula y Arriaga, y ni siquiera alcanzaron a subirse a *la bestia*. Los que logran llegar a

Arriaga, llegan exhaustos de cansancio físico, y agotados emocionalmente. Aterrorizados por lo vivido en ese recorrido de 275 kilómetros. En el albergue "Hogar de la Misericordia" de Arriaga, les dan comida y refugio. Además les curan las heridas hechas en el camino. La mayoría son pies ampollados e inflamación por tanto andar, aunque también hay otras lesiones que pueden ser producto de alguna golpiza surgida al momento de un atraco. Los abusos sexuales a las mujeres migrantes son muy comunes en esta trayectoria entre Tapachula y Arriaga.

Cuando llegan a este albergue, sus zapatos están muy gastados, las suelas inservibles. En ese refugio les arreglan el calzado, usando suelas de zapatos que hayan sido donados o que otros migrantes dejaron en mejores condiciones.

Es precisamente en Arriaga donde tomarán el primer tren de muchos que tendrán que montar a lo largo de México para llegar a la frontera norte, y eventualmente intentar cruzar a Estados Unidos. Aquí empieza el recorrido en la famosa *bestia*, pero para eso hay que esperar varios días porque el tren no sale a diario.

Cuando la espera es por más de tres días, se les agota el tiempo en el albergue y tienen que abandonarlo para darle entrada a los que van llegando, y es que todos los días llegan muchos migrantes. Los que salen del albergue se van a las orillas de las vías, duermen debajo de los vagones o en plazas y parques mientras sale el tren. Es común verlos en las calles pidiendo dinero para comprar comida.

La bestia, a punto de embestir de nuevo en el sur de Chiapas

Tras un poco más de seis años de haber sido severamente dañadas las vías ferroviarias en el sur de Chiapas por el paso del huracán "Stan" en octubre de 2005, el tren carguero mejor conocido como *la bestia* estaría a punto de reanudar su antiguo recorrido hasta la frontera con Guatemala, según me comentó la señora Olga Sánchez, encargada del albergue para migrantes lesionados por el tren, "Jesús el Buen Pastor del Pobre y el Emigrante, A.C." de Tapachula, Chiapas. La misma versión me fue confirmada en enero de 2012 por representantes del albergue "Hermanos en el Camino", de Ixtepec, Oaxaca; por lo menos esos son los rumores que a ellos les han llegado.

Lo que sí es un hecho, es que las vías están siendo reparadas en algunos tramos entre Arriaga y Tapachula, la principal parte afectada, mientras que en algunas áreas donde los daños fueron muy severos —me comentó también doña Olga— se han abierto nuevos caminos ferroviarios, incluyendo la construcción de nuevos puentes que llegarían hasta Tapachula.

De reiniciar el tren sus operaciones desde la frontera con Guatemala, los migrantes centroamericanos ya no tendrían que caminar esos 275 kilómetros que los separan con Arriaga, ciudad de donde actualmente sale el tren rumbo al norte. El problema, dicen Doña Olga y los dirigentes del albergue "Hermanos en el Camino", es que con la reapertura del servicio ferroviario hasta Ciudad Hidalgo, Chiapas, frontera con Tecún Umán, Guatemala, incrementarían de nuevo los asaltos, los secuestros y las lesiones o muertes de migrantes que llegaran a caer de los trenes.

También se teme que con la reanudación del recorrido del tren aumente el flujo de migrantes por esta frontera, ya que los que actualmente cruzan por la región de Tenosique, Tabasco, cambien de ruta y ahora quieran entrar por esa área. Del mismo modo esto podría motivar a más centroamericanos a dejar sus países e intentar cruzar México de manera ilegal, sabiendo que ya no tendrían que caminar hasta Arriaga para montarse en la temida *bestia*.

Teóricamente, el problema es que entre más migrantes crucen más serán los abusos que se cometerán contra ellos o los accidentes que se registren —asegura Doña Olga— y serían más las personas lesionadas que llegarían a su albergue, el cual ya opera a su máxima capacidad. Hasta ahora no se tiene una certeza de cuándo podría operar el tren hasta Ciudad Hidalgo nuevamente, pero los fuertes rumores indican que podría ser no más tarde del verano de 2012.

De acuerdo a un artículo periodístico publicado por "ES! Diario Popular" el 23 de enero de 2012, el gobierno federal mexicano a través de la Secretaría de Comunicaciones y Transportes (SCT), informó que sí reconstruirá la red ferroviaria que parte del tramo de la costa de Chiapas a Ciudad Hidalgo. El informe del periódico también indica que la construcción de los puentes ya va en un 90 por ciento y que el costo de la reconstrucción estaría alcanzando los 300 millones de pesos. Esto, según el periódico, lo reveló Francisco Grajales Palacios, quien funge como secretario de organización del Sindicato de ferrocarrileros.

"*La bestia* es *la bestia*, y es la que tenemos que desafiar"

Silvio José Blanco Hernández | 38 años de edad
País de origen: Nicaragua
Destino: Monterrey, México
Novena vez que monta *la bestia*

Es precisamente en Arriaga donde conocí a Silvio. Se arrimó a Hiram y a mí para pedirnos un cigarrillo. Por varios días convivimos con él. Su historia es de las que más me impactaron.

Silvio José Blanco ha visto y ha vivido de todo en sus múltiples travesías por México. Para este nicaragüense de 38 años de edad, éste era su noveno viaje por tierras mexicanas arriba de *la bestia*. Lo habían deportado de Estados Unidos tantas veces que ya no podía regresar. De hacerlo una vez más, iría preso por varios años. Eso le había dicho la "migra" americana la última vez que fue deportado. Él prefería la libertad.

Su destino era Monterrey, una ciudad mexicana cerca de la frontera con Estados Unidos. Para llegar a Monterrey tenía que atravesar prácticamente todo el país y, como el resto de sus colegas, tenía que evadir a las autoridades mexicanas. Silvio ya había vivido en Monterrey por más de un año; allá tenía un patrón que le daría trabajo al llegar.

Silvio era diferente al resto de los migrantes. Viajaba aislado de los demás. Casi siempre se le veía solo, sentado un vagón atrás o un vagón adelante. Por esa razón sus compañeros le apodaron "Solitario". La mayor parte del tiempo lo pasaba vigilando. Sus ojos no paraban de observar para todos lados. Parecía que presentía algo. Actuaba como un conejillo temeroso de ser cazado.

Por las noches tampoco dormía; se quedaba a vigilar. A veces dormitaba un rato cuando sus amigos despertaban.

—"Aprendí a dormir con los ojos abiertos cuando estuve en el ejército sandinista allá en mi país, Nicaragua. Una cerrada de ojos te podía costar la vida durante la guerra sandinista. Lo mismo le puede pasar a uno en este camino", me comentó un día que le pregunté cómo aguantaba tanto sin dormir.

En los trenes cargueros mexicanos hay muchas muertes, asaltos y violaciones. Silvio quería evitar ser una víctima más y que lo fueran las tres señoras de quien se convirtió en ángel guardián.

Lo que "Solitario" ha visto desde la primera vez que se montó a *la bestia* en 1997, eriza la piel.

Como mencioné anteriormente, a Silvio lo conocí en Arriaga, sin embargo la entrevista formal que le hice se llevó a cabo mientras cruzábamos el estado de Veracruz, una semana más tarde y a cientos de kilómetros de Arriaga. "Solitario" y yo íbamos sentados en el techo de uno de los más de 180 vagones que formaban el tren. Muchos otros migrantes iban también sentados en los vagones traseros principalmente, ya que nosotros no estábamos muy lejos de la locomotora. Las tres señoras que "Solitario" iba protegiendo estaban en la llamada "plancha" del vagón donde íbamos sentados. Así le llaman los migrantes a una pequeña plataforma que tienen los vagones a la altura de donde se enganchan.

Esta es la plática que sostuvimos "Solitario" y yo aquel día nublado de octubre mientras cruzábamos ingenios azucareros, pequeños pueblos y boscosas montañas verdes del estado de Veracruz en el lomo de *la bestia*.

Silvio: La primera vez que crucé por México fue muy duro. Nunca nadie me había dicho que aquí en los trenes era muy peligroso, que había mucha delincuencia.

Pedro: ¿Cómo los trata la gente en México, las autoridades?

Silvio: Aquí en México nosotros somos un negocio para todo mundo, tanto para los civiles como para los militares. Nosotros acá somos el blanco perfecto para todos los mexicanos, y las autoridades a veces son las peores. No sabemos a quién temerle más. En Chiapas, y un poco más al norte, hay gente que nos invita a comer y nos meten a una casa y cierran la puerta, y mientras estamos comiendo ellos llaman a inmigración o a la policía. Aquí todo centroamericano o centroamericana son un negocio. Si es mujer la prostituyen, la engañan, la explotan o a veces hasta la violan o la matan por no prostituirse.

Pedro: ¿Qué has visto en estos caminos, Silvio?

Silvio: Uy mi amigo, si te contara. Mira, cuando yo pasé la primera vez, venía arriba de una pipa, porque antes me gustaba viajar en las pipas.

Pedro: ¿Cuáles son las pipas?

Silvio: Esas redondas, creo que se llaman góndolas. Me gustaba venirme en ellas porque era más fácil de ver cuando se subían los ladrones. Así podíamos saltar antes de que llegaran a nosotros. Una vez miramos que unos "mareros" [pandilleros centroamericanos] rodearon a un hondureño, a un moreno, y como que lo querían robar. Sólo miré cuando lo rodearon y él lo que hizo fue tirarse del tren. Se tiró al vacío. Saliendo de la estación de Medias Aguas, Veracruz, en una curva se lanzó al monte y el tren iba a rompe viento, como decimos nosotros en Nicaragua.

Pedro: ¿Hacia el monte brincó?

Silvio: Sí. Hacia el monte.

Pedro: ¿Para evitar que lo asaltaran?

Silvio: Sí, y nunca supimos si moriría o quedaría vivo, porque no pudimos hacer nada. El tren iba en marcha y nosotros arriba. Allá en Nicaragua, a estos trenes mexicanos nosotros les llamamos "el tren de la muerte", porque muchos paisanos centroamericanos o sudamericanos han quedado debajo de estos trenes. Nunca han realizado el "sueño americano".

Pedro: ¿Por qué le llaman *la bestia*?

Silvio: Le llaman *la bestia* porque no cualquiera se sube y vive para contarlo. Cuando va a madre, no cualquiera se sube y logra domarlo así como domamos a un toro.

A lo largo de mi travesía por México, varios fueron los significados que me dieron los migrantes cuando pregunté la razón por la que le llaman al tren *la bestia*. Así como "Solitario", otras personas me dijeron que porque cuando viene de frente y a toda velocidad se les asemeja una bestia queriéndolos embestir. Otros coincidieron en señalar que al ver el tren frente a ellos, sobre todo de noche, les parecía ver y oír rugir una bestia a la que habían que encarar. Pero también hubo quien me dijo que es sólo una metáfora, porque *la bestia* no es sólo el tren, sino toda la travesía. Cruzar México de manera indocumentada y sortear todos los peligros del camino es como enfrentarse a una bestia.

La versión de "Solitario" fue tan válida y aceptada para mí como el resto de las versiones que me dieron. Sin embargo tengo que decir que después de hacer yo mismo la travesía, para mí *la bestia* no es sólo el tren sino todo el camino. Cruzar México en esos trenes de carga y vivir las penurias que viven los migrantes entre miedo, hambre, dolor y abusos es como estar enfrentando una bestia en cada paso que se da camino al norte.

El viaje continuaba y las nubes empezaban a descender. Algunas montañas sucumbían ante las densas capas de algodón que parecían bajar del cielo. La lluvia parecía inminente. Silvio y yo, sin embargo, continuábamos la charla sin preocuparnos tanto de lo que se aproximaba. Las historias que "Solitario" me contaba eran cada vez más escalofriantes.

Pedro: ¿Cuántas gentes te ha tocado ver arriba de un tren?

Silvio: Híjole, en aquellos tiempos cuando el tren llagaba hasta Ciudad Hidalgo, que es la frontera con Tecún Umán, Guatemala, veníamos miles. O sea, incontables las personas que veníamos. Parecíamos hormiguitas arriba del tren. Éramos montones de gente. Un nido de gente. O sea, como unas cinco mil personas por lo menos que venían de un sólo golpe montados en el tren.

La segunda vez que pasé, una señora por agarrar el tren descuidó el niño que traía en los brazos y se le fue hacia abajo. Se le cayó por en medio de ella y su esposo. La señora viajaba con su marido. Subimos todos y miramos a la señora y le aconsejamos que no subiera con el bebé; el bebé tenía a lo más cinco años. Lo que la señora hizo fue que ella se agarró bien con una mano pero al querer agarrarse con la otra, se le cayó el niño, se le fue por en medio. Todos nos quedamos helados. Varios brincamos para ver qué podíamos hacer, pero el niño estaba desecho. La señora se agarraba los pelos, se revolcaba con ganas de matarse. "¿Y mi niño?", gritaba, e insultado a su esposo porque parece que fue por culpa de él.

Pedro: ¿O sea que el tren destrozó al niño?

Silvio: Lo desbarató completito. No hayamos ni siquiera su cuerpecito. Lo que encontramos fue una bola envuelta en la ropa pero parecía carne molida o algo así.

Pedro: ¿Qué pasa con los garroteros y los maquinistas?

Silvio: Cuando hay garroteros en las estaciones, a veces nos prohíben esperar el tren ahí o nos cobran para dejarnos subir. Y los maquinistas, después de salir de cualquier lugar, se paran en una parte desconocida, en medio monte por ejemplo, y comienzan a quitarle dinero a la gente y el que no tiene dinero le dicen que se baje, que se vaya de ahí porque no lo van a llevar. A veces pasan un sombrero o una bolsa para que la gente le eche dinero y todos le tienen que echar, sino los amenazan con dejarlos en medio monte.

Pedro: Y las mujeres Silvio, ¿qué pasa con las mujeres, qué riesgos corren en este viaje?

Silvio: Bueno, las mujeres son las que más sufren en estos caminos. Son presa fácil de cualquier ladrón o violador. Y si se oponen a que les hagan lo que quieren, como dejarse violar, lo que hacen ellos es matarlas. Les pegan su balazo.

Pedro: ¿Así nada más matan a la gente?

Silvio: Así nada más...

Pedro: ¿Y las tiran del tren?

Silvio: Y si andan con su hombre, los matan juntos. Me acaban de contar de un caso que pasó hace unos tres días... Es algo muy duro. Una muchacha que viajaba con su hermano no se dejó que la violaran. El hermano trató de defenderla, pero lo mataron. Le cortaron la cabeza con un machete, me contó el muchacho que vio todo. Después que mataron al hermano, a ella, la golpearon entre varios y la violaron como se les dio la gana. Luego de que la violaron, la mataron, además le cortaron sus dos pechos y ahí la dejaron tirada. El muchacho que me lo contó todavía estaba asustado cuando me platicó.

Creo que una de las cosas más fuertes que he visto fue cuando nueve pandilleros, creo que eran de las "maras salvatruchas", violaron a una muchacha frente a un grupito de migrantes que nos conocimos en el camino y viajábamos juntos. Hasta hacían fila para violarla. La muchacha se desmayó tres veces e inconsciente la seguían violando. Volvía en sí y la violaban de nuevo y se volvía a desmayar... La hicieron garras a esa pobre mujer. Yo casi me volví loco al ver eso. Y nadie pudimos hacer nada porque ellos estaban armados. Además te amenazan y hasta te encañonan con el arma mientras violan a las mujeres.

Pedro: ¿Qué tipo de armas usan los asaltantes por acá?

Silvio: Bueno, yo no sé quién les está vendiendo las armas a los delincuentes hoy en día. Antes no usaban armas, usaban sólo machetes o cuchillos, pero ahora caminan hasta con metralletas "Usis". Tienen pistolas como las 38 recortadas. Traen escuadras y hasta metralletas de varios tipos como las que les dicen "cuerno de chivo". Esas son las armas que yo les he visto.

Al pasar por un área que me llamó la atención, interrumpí la charla para hacerle una pregunta ajena a lo que platicábamos.

Pedro: ¿Qué es esto que estamos pasando, Silvio?

Silvio: Éste es un ingenio azucarero. Ahí queman la caña para hacer la azúcar. Aquí en Veracruz se ven varios ingenios cuando pasamos en el tren. Éste es un estado muy bonito. Es como una selva, ¡mira las montañas! Los paisajes son muy lindos por aquí.

Una vez que pasamos dos gigantescos ingenios azucareros, algo que yo nunca había visto, continuamos la entrevista.

Pedro: ¿Qué onda con las señoras que vienes ayudando, te están pagando? A mí se me hace que eres *coyote*.

Silvio: No, no, para nada. Yo sólo les voy a hacer un "paro" [un favor] hasta Lechería [en las afueras de la Ciudad de México], espero que de ahí alguien las lleve porque se va a poner muy difícil para ellas de ahí en adelante. Dicen que alguien les va a mandar dinero para un *coyote* y que las llevará desde ahí hasta la frontera. Espero que así sea. Yo de ahí de Lechería voy a tratar de tomar un "ride" en algún tráiler para llegar a Monterrey. Yo ya no quiero continuar en el tren de Lechería para adelante.

Pedro: ¿Por qué las vienes ayudando entonces?

Silvio: Mira, las conocí en Arriaga, y la verdad me da pena con ellas porque no conocen nada. Es la primera vez que se suben a los trenes. Dos están más mayorcitas y una de ellas hasta pasadita de peso y para ellas no es fácil. No me hago nada con echarles la mano una parte del camino. Ellas tienen mucha fe en que van a llegar "al otro lado". Muchas veces esas personas que tienen tanta fe llegan primero que la gente más joven y ligerita de peso. Otras mujeres que he conocido en estos caminos vienen engañadas por sus amigas o amigos. Otras más o menos miran en la televisión y dicen, "Es muy duro pero así nos arriesgaremos". Y se lanzan. Por lo menos estas señoras dicen que sabían muy bien a lo que vienen. Sabían muy bien a lo que se están arriesgando. Yo espero que sí lleguen a donde van. Son muy buenas personas. Me cayeron bien desde que las conocí. *La bestia* es *la bestia,* y es la que tenemos que desafiar; a ver si se amansa o siguen quedando personas en el camino.

Pedro: ¿Qué significa Chiapas para los inmigrantes indocumentados?

Silvio: Híjole. Yo creo que Chiapas es el estado más corrupto que pueda haber en México, aunque Oaxaca no se queda muy lejos. Ahí no se les escapa nadie. El que dice que nunca lo han robado, es por milagro de Dios. Es un ángel. Venció la "llamarada del diablo", como decimos en Nicaragua. Pero la verdad ahí no hay quien se escape. Ahí lo roban a uno o lo matan. El estado de Chiapas es el más duro para todos los migrantes. Sin duda es el más peligroso de todos.

Silvio finalmente se percató de las nubes que cubrían parte de las montañas y amenazaban con vaciarse. No las había visto porque iba de espalda a las montañas que estaban siendo cubiertas por las nubes. Yo iba de frente pero no pensé que la lluvia llegaría pronto, por eso no dije nada hasta que empezó a chispear. No obstante, Silvio reanudó la plática.

Pedro: El frío, el mal clima, ¿cómo se enfrentan a eso, cómo le hacen?

Silvio: Pues ahorita por ejemplo va a empezar a llover. En ocasiones como ésta buscamos taparnos con bolsas de plástico o hules; nunca falta alguien que traiga algo y a veces comparten. De vez en cuando la gente también trae alguna cobija para cuando hace frío. Y si no la comparten buscamos góndolas que tengan hoyos para meternos o en alguna plataforma o plancha, como le decimos a esa parte cerca de donde se enganchan los vagones. Ahí nos arrinconamos y nos protegemos un poco de la lluvia o el frío.

La charla con "Solitario" fue interrumpida por la lluvia que empezó a arreciar. Ambos tuvimos que darnos prisa para bajar del techo del vagón de inmediato hacia la plancha donde estaban las tres mujeres a quien Silvio venía ayudando.

La lluvia nos acompañó gran parte del recorrido hasta nuestro siguiente destino. En efecto, las "planchas" esas a las que "Solitario" se refería, tenían unas áreas arrinconadas que protegían bien. Terminamos mojados pero no nos empapamos. Seis horas más tarde, ya entrada la noche, llegamos a la estación de Orizaba, Veracruz donde a mí me esperaba una desagradable sorpresa en manos de la policía.

Si bien es cierto que Chiapas se ha conocido históricamente como el estado mexicano donde más se abusa a los migrantes en tránsito por el país, tal como lo expresa Silvio en su entrevista y basado en sus propias experiencias, también hay que destacar que esto cambió bastante en los últimos tres años, 2009, 2010, y 2011. Ahora Tamaulipas, en la frontera norte, y Veracruz, al sureste de México, se han convertido en los estados más sangrientos y en un verdadero calvario para los migrantes de paso, y es que en estos estados es donde más opera el grupo criminal conocido como "Los Zetas". Son ellos quienes en la actualidad más crímenes cometen contra migrantes centroamericanos, siendo los secuestros su principal actividad.

De documentalista pasé a ser acusado de delitos federales y de ser indocumentado sudamericano

Cuando un tren se aproxima a la estación que tiene como destino, la mayoría de los migrantes se empieza a bajar sin importar que el tren aún esté en movimiento. Saben que con frecuencia las autoridades policíacas o migratorias están esperando que el tren llegue para detenerlos o robarlos y prefieren no correr riesgo.

Y eso es precisamente lo que querían hacer "Solitario" y las señoras que viajaban con él cuando estábamos llegando a la estación de Orizaba, Veracruz, pero la lluvia no se los permitió. Brincar del tren en movimiento cuando está lloviendo puede ser un acto suicida para los migrantes, especialmente para las mujeres o personas mayores de edad, peor aún cuando es de noche; cualquier resbalón y pueden terminar entre las ruedas. Así que decidieron continuar hasta que *la bestia* se detuviera por completo.

La lluvia no dejaba de caer. La luz del día nos había abandonado desde hacía ya un par de horas. La noche era oscura y espesa por el mar de nubes que flotaba sobre nosotros. Las luces de la ciudad empezaron a aparecer pero se apreciaban opacas, amarillentas entre la oscuridad y la lluvia. El tren viajaba a baja velocidad mientras que en las calles, los conductores de los autos esperaban impacientes a que pasaran los más de 180 vagones para continuar su camino.

Silvio, Ana María, Alicia y Maribel, las tres mujeres que "Solitario" estaba ayudando, y yo, viajábamos en la plancha del tren tratando de protegernos de la lluvia. Yo tenía una bolsa de plástico con la que cubría mi cámara de video y una mochila en la espalda en la que traía una cámara fotográfica y algunas cosas indispensables para la grabación del documental que me había llevado a tan peligrosa travesía.

Continuamos avanzando. Sabíamos que estábamos cerca de la estación porque el tren había bajado considerablemente la velocidad. De repente, unas lámparas de mano nos iluminaron desde el techo de los vagones. Eran tres policías que llegaron entre la oscuridad, y con el traqueteo de las ruedas y el ruido de la lluvia no nos percatamos que se aproximaban. Además, ellos llegaron caminando por los techos y nosotros estábamos abajo, en las llamadas planchas.

—"¿Cuántos vienen?", gritó un policía de voz profunda, mientras los otros dos descendían por la escalera a donde estábamos nosotros.

—"Nada más nosotros", contestó "Solitario".

—"¿Qué traen?"

—"Sólo estas bolsas", dijo una de la mujeres.

Desde antes de que llegaran los policías, nosotros ya teníamos nuestras pertenencias en la mano para brincar en cuanto parara el tren y correr si era necesario.

Uno de los policías se percató de que yo traía una cámara de filmación y empezó a cuestionarme.

—"¿Tú quién eres, por qué traes esa cámara?"

—"Soy periodista".

—"¿Para quién trabajas?"

—"Soy periodista independiente y estoy filmando un documental", le contesté.

Para entonces, el tercer policía ya había bajado del techo del tren y me habían rodeado los tres. El que me cuestionaba me pidió la mochila para revisarla, mientras los otros dos procedieron a registrar las pertenencias de Silvio y las tres mujeres.

—"¿Tienes permiso para filmar en los trenes?", me preguntó el menudo policía de tez morena y no más alto que yo.

—"No", le contesté.

—"¿Sabes que estás invadiendo una propiedad privada federal y ese es un delito muy delicado? Nos tienes que acompañar", me dijo el policía de no más de treinta años de edad.

Para entonces el tren ya había entrado en los patios de la estación y viajaba a vuelta de rueda. Los tres policías bajaron del tren y yo bajé tras de ellos. Me despedí ligeramente de mis compañeros de viaje y seguí a los policías.

A Silvio y a las tres mujeres no les pidieron que los acompañaran. Pensé entre mí, "¿Acaso ellos no están invadiendo la propiedad privada?" Pero no quise decir nada para no meterlos en problemas. Aparte de "Solitario", Ana María, Alicia y Maribel, había por lo menos quinientos migrantes más en los vagones de ese tren, pero a nadie más bajaron, sólo a mí.

—"Muy pocas veces nos bajan del tren", me dijo "Solitario" varios días después cuando me reencontré con él en las afueras de la capital mexicana. "A lo más nos roban el poco dinero que traemos y nos dejan seguir el camino", añadió.

Estos policías saben que son muchos los migrantes que vienen arriba de los trenes como para arrestarlos a todos, aunque estén invadiendo una propiedad privada como me acusaron a mí, a menos que armen un operativo o redada en coordinación con las autoridades migratorias. Es común que lo hagan cuando el tren ya está en los patios de la estación y transita a muy baja velocidad. Por eso los migrantes tratan de bajarse antes que éste llegue a la estación. Esta vez nadie se bajó por causa de la lluvia, pues temían tener algún accidente.

Nunca supe si esos policías ya venían en el tren o se subieron al entrar a Orizaba. Tampoco me di cuenta si les quitaron algo a los migrantes que venían en los furgones de atrás por donde ya habían pasado antes. Lo cierto es que todavía quedaban muchos vagones por delante y ya no continuaron por llevarme con ellos. A mis compañeros de viaje les permitieron seguir sin decirles más.

Me llevaron a una oficina. Parecía una pequeña comandancia de policía dentro del mismo edificio de la estación de trenes. Fue un hombre de unos 45 años de edad quien primero me interrogó. Me preguntó hasta lo que había comido días atrás. Siempre con un tono intimidador.

—"Tú sabes que los cargos que enfrentas son fuertes, muchacho. Éste es un delito muy serio. Estás metido en un grave problema. No sé cómo le vamos a hacer para que salgas de esto", me dijo mirándome directamente a los ojos. Luego me pidió una identificación y le di mi pasaporte mexicano, la única identificación que tenía conmigo. Recuerdo que sólo movió la cabeza de manera negativa. Sus siguientes palabras me dejaron helado.

—"Aparte de invasión a la propiedad privada federal puedes enfrentar cargos por falsificación de un documento federal. ¿Sabes el problema en el que estás?", me cuestionó el policía, que a juzgar por el trato en que le hablaban otros uniformados, éste debía tener un puesto de jefe. Yo no sabía a qué se refería con su acusación.

—"No le entiendo", le contesté sorprendido.

—"Este pasaporte no es tuyo, ¿cómo lo conseguiste?"

—"No sé de qué habla", le dije. "Claro que ese pasaporte es mío, y ese soy yo", continué, apuntándole hacia la fotografía en mi pasaporte.

—"Pues tú no eres mexicano", me dijo, "tu acento no es mexicano".

—"¿Entonces qué soy?", le cuestioné.

—"Pues suenas a colombiano o de uno de esos países, y de seguro que este pasaporte es falso", me dijo. Por un momento no supe qué decirle. El oficial estaba tan convencido y hablaba con tanta seguridad que casi me convenció de que yo no era mexicano.

—"Pues no sé de qué forma quiere que le compruebe", le dije, "pero soy nacido y criado en México, aunque radico en los Estados Unidos, y de que ese es mi pasaporte y que es legal, no tenga la menor duda. Si no, pues busque la manera de comprobarlo usted", repliqué, un poco indignado y molesto por las severas y falsas acusaciones del policía.

Salió de la oficina donde me tenía detenido, que más bien parecía un cuarto de interrogatorio, de esos donde otras personas pueden ver a través de un cristal sólo con visibilidad hacia adentro. Nunca he estado en uno de ellos, pero los he visto en muchas películas. Y eso es lo que me quedé pensando cuando el oficial abandonó la oficina con mi pasaporte en sus manos.

A los diez minutos entró otro policía a seguir cuestionándome.

Estaban aferrados en hacerme ciudadano de Colombia o de cualquier otro país de América del Sur, pero no de México. Además que intentaban intimidarme con lo severo que son las leyes en México para una persona que viola la propiedad privada federal; cuando menos eso me decían.

—"Podrías pasar muchos años en la cárcel por este delito", me dijo el segundo policía que entró a la oficina donde me interrogó, el mismo que me descubrió la cámara arriba del tren. "Creo que vamos a tener que buscar una buena manera de arreglar esto para que puedas irte", enfatizó el menudo policía.

—"Pues mire", le dije, "cuando yo me subí a los trenes sabía en lo que me estaba metiendo. Además que envíe varias cartas a la oficina central de la compañía de trenes pidiendo permiso y nunca nadie me contestó; no me dejaron otra alternativa", le indiqué. "En unas horas, cuando amanezca, llamaré a mis abogados para que se encarguen de esto", puntualicé con aires de seguridad sobre lo que estaba hablando. Era la última carta que tenía para jugar pues sabía lo que los policías buscaban. Por supuesto que no tenía abogados, pero no podía permitir que me intimidaran y quedarme con los brazos cruzados. "No tengo ninguna otra forma de arreglarme con ustedes, así que veremos lo que pasa mañana", le dije para concluir.

En las siguientes cuatro horas, entraron un par de veces más a tratar de convencerme de que buscáramos otra forma de arreglarnos, pero les fue mal conmigo. Soy fiel a mis convicciones y mis creencias. Siempre he sido enemigo de las llamadas "mordidas"; nunca me he prestado a un soborno de este tipo y no lo iba hacer esta vez; sabía que el delito no era tan grande como ellos lo planteaban. Me querían hacer sentir como si hubiera asesinado a una persona. Lo único que intentaban era sacarme dinero, pero no tenía un peso sobre mí y si lo hubiera tenido me lo hubiesen tenido que quitar a la fuerza antes de llegar a un acuerdo con ellos.

Un par de horas después, ya entrada la madrugada, los oficiales me dejaron ir. Me dijeron que estaba en mi "día de suerte", que me iban a dejar ir, pero que si me volvían a encontrar en los trenes las cosas serían diferentes. Me entregaron mi pasaporte y la cámara que también se habían llevado para revisar. Pensé que se quedarían con el material grabado en el video tape que tenía la cámara, pero hasta eso regresaron. Cuando fui a la orilla de las vías donde se juntan los migrantes, ya no encontré a "Solitario" ni a las tres mujeres a quienes yo venía filmando en *la bestia*. Alguien me dijo que parecía que esa misma noche ellos se habían ido en otro tren.

Un poco después me reencontré con Hiram, mi compañero, que me seguía por carretera. Hiram estaba asustado, ya que sabía que el tren había llegado antes de la media noche y no había escuchado nada de mí. Él no tenía la menor idea de que yo había sido detenido. Desde el principio del viaje acordamos que de perdernos nos buscaríamos a la orilla de las vías, donde se juntan los migrantes, y por eso fue que pudimos reencontramos, aunque varias horas después.

Tres días más tarde me reencontré con "Solitario" y las tres mujeres en la estación de Lechería, a las afueras de la Ciudad de México. Ya iban a la mitad del camino. En Lechería, Silvio se despidió de Alicia, Ana María y Maribel. Dijo que de ahí, Monterrey estaba mucho más cerca y que ya no quería viajar en tren, que iba a buscar un "ride" con algún camionero y se perdió entre las calles de la ciudad.

Antes de irse, las tres mujeres se despidieron de él con los ojos llorosos y le agradecieron lo que hizo por ellas. Seis meses más tarde, "Solitario" llamó a Hiram para decirle que ya estaba en Monterrey y que trabajaba como ayudante de camionero. Después de esa llamada nunca más volvimos a saber de él.

Un incansable defensor de los migrantes

Padre Alejandro Solalinde Guerra | 65 años de edad
País de origen: México
Sacerdote católico por más de 35 años
Director del albergue "Hermanos en el Camino" - Ixtepec, Oaxaca

El Padre Solalinde es un guerrero en el sur de México. Un incansable defensor de los migrantes. Ha vivido de todo y ha sufrido de todo por defenderlos. Ha sido amenazado de muerte, golpeado y hasta arrestado por intentar arrebatar de las manos de las autoridades a migrantes que injustamente detienen para secuestrar o extorsionar o para llevarlos presos sin razón alguna. El padre Solalinde Guerra se juega la vida en el sur de México todos los días en nombre de los migrantes.

Pero nada lo detiene y nadie lo intimida. Su labor es admirable. Cuando sabe que un tren llegará a media madrugada, mantiene su albergue abierto hasta que llegan los viajeros. Muchas veces se va a esperarlos a la orilla de las vías del ferrocarril para luego llevarlos al albergue a darles de comer y ofrecerles un lugar donde dormir.

Lo sé por experiencia propia, pues a mí también me dio de comer como al resto de los migrantes una madrugada de octubre del año 2007 cuando llegué a su albergue "Hermanos en el Camino", en Ixtepec, Oaxaca, con cientos de centroamericanos después de haber viajado cerca de doce horas en un tren desde Arriaga, Chiapas. En esa ocasión, el ferrocarril llegó a la una de la mañana a Ixtepec. El padre Alejandro Solalinde aún tenía el albergue abierto; estaba esperando que llegaran los migrantes.

El albergue que dirige el padre Solalinde Guerra está en una de las colonias pobres de Ixtepec y muy cerca de las vías del tren. Para llegar a ese lugar hay que caminar unos 20 minutos desde el centro de la ciudad y seguir por una calle sin pavimentación que se extiende a lo largo de las vías.

El refugio "Hermanos en el Camino" está ubicado en una especie de cuneta. Para acceder hay que bajar una pequeña pendiente donde lo primero que sobresale es un letrero azul con letras en color blanco y negro que lee, «Aquí se construye la capilla del migrante propiedad de la iglesia católica». Unos 30 metros después del letrero está la puerta de la cerca que rodea el refugio de migrantes.

Cuando filmé el documental *La bestia*, a finales de 2007, el albergue era nada menos que un paraje. El comedor tenía techo de lámina pero no había paredes. La cocina estaba al aire libre. Existía sólo un pequeño cuarto de bloques de cemento; quiero pensar que ahí, el padre Solalinde se reunía en privado con los migrantes cuando era necesario, o era utilizado como oficina, residencia y centro de operación, pero no me consta porque nunca entré, sin embargo era el único cuarto que tenía en el complejo.

También había una especie de pequeña capilla en proceso de ser construida. Contaba con una barda de bloques de cemento no más alta de medio metro. Al fondo había tres paredes con una parte del techo, pero el frente estaba completamente abierto. Todo indica que sobre esa barda eventualmente se levantaría el resto de las paredes del templo. Cuando estuve ahí, sólo tenía un pequeño altar. Al centro de la pared de en medio colgaba una imagen de Jesús crucificado que debe medir por lo menos metro y medio. En una esquina estaba una imagen de la Virgen de Guadalupe en bulto. Este lugar es donde el padre Solalinde oficia misas y donde los migrantes rezan o se tiran a dormir en el piso cuando el cansancio los dobla.

En el amplio patio y sobre la cerca de alambre que rodea el complejo, era común ver tendida ropa de los migrantes que lavaban a mano con agua de una llave localizada al lado izquierdo de la entrada principal. El resto del patio era aposento perfecto para cualquier migrante que llegaba cansado; un par de cartones y un poco de sombra de algún árbol o algún tejaban era más que suficiente para tirarse a dormir. Era típico ver gente acostada por todas partes.

Pero el albergue "Hermanos en el Camino" que conocí a finales de 2007 ya no es el mismo. En mi última visita en julio de 2011, el centro para migrantes que dirige el padre Solalinde había cambiado drásticamente para bien. Ahora cuenta con amplios cuartos con literas donde duermen los migrantes, secciones separadas para damas y varones, lavaderos de cemento donde lavan su ropa, baños, y varios cuartos que fungen como oficina para el padre Solalinde y sus colaboradores. El comedor sigue siendo al aire libre pero ahora le han levantado una cerca de bloques de cemento que mide por lo menos metro y medio. También se ven varios cuartos en plena construcción. Lo que no ha cambiado es la capilla, aún está tal como la encontré la primera vez que pasé por ese albergue.

Esa madrugada de octubre que llegué al albergue en el tren de Arriaga, Chiapas, recuerdo perfectamente que el padre Solalinde me dijo, "Usted también arrímese a comer pues en estos momentos es uno más de los migrantes". Y la verdad que me sentía como uno de ellos.

Había viajado en los techos de los trenes por cerca de 12 horas, había corrido los mismos peligros y tenía la misma hambre que ellos. Sin embargo, me daba pena comer un bocado que quizás debía ser para alguien que lo necesitaba más que yo. Pero el hambre le ganó a la pena y terminé con mi cámara al hombro haciendo fila para comer como el resto de los migrantes. Esa sopa de verduras me supo a gloria a las dos de la mañana.

Ese día por la mañana, platiqué con el sacerdote en el patio de su albergue, rodeado de migrantes. Su entrevista es sin duda una de las mejores entrevistas que he hecho en mi carrera periodística. El padre Alejandro Solalinde es profundo y apasionado de lo que habla y en lo que hace. Con tristeza, habló del mar de abusos que viven los centroamericanos en su paso por México y las condiciones en que llegan a su albergue. Sobre las autoridades y políticos mexicanos, habló sin pelos en la lengua, como muy pocos se atreven a hacerlo. Esta es la entrevista completa con el sacerdote defensor de los migrantes en México.

Pedro: Padre, ¿qué significa Chiapas para el migrante?

Padre Solalinde: Pedro, Chiapas significa lo peor. La peor vergüenza de México y América. Es lo peor. Oaxaca es un estado muy corrupto quiero que sepa, pero aún no llega al grado de corrupción que hay en Chiapas. Tratándose de los migrantes, Chiapas es un infierno. Es un calvario para cualquiera. Desde que entran hasta que salen de Chiapas viven un atropello constante. No hay autoridades civiles que hayan parado esto. La misma iglesia católica tampoco lo ha podido detener. Es un estado donde parece que existe una coordinación general para cometer delitos y donde se echan la culpa unos a otros. Lo peor es que finalmente no se detienen los asaltos, las violaciones y las muertes.

Chiapas entonces es un reto de verdad y es una demostración del grado de impunidad y de corrupción que vive nuestro país. Mire, desde que los migrantes entran a México, les quitan sus papeles, les roban los pocos centavos que traen. Si los migrantes piden dinero a su familia, igual. Ahora han estado participando hasta personas civiles, gente del campo que antes no se metía, están metiéndose también y están coludiéndose con corporaciones policíacas, y lo peor es que no hay con quién se quejen.

Pedro, México es el único país del mundo donde se busca, se persigue, se localiza, se veja y se encarcela a los migrantes en todo su espacio, en todo su territorio. México, o más bien el gobierno de México, quiere ser un gobierno obediente a los intereses de Estados Unidos y cuidarle bien su traspatio, más que ser hermano de nuestros hermanos centroamericanos y tratar de ayudarlos. Somos muy egoístas, exigimos todo para el Norte pero para el Sur no miramos. En eso no somos parejos. Estamos pidiendo sólo de lo que nos conviene, pero no somos igualitarios para mirar también por nuestros hermanos del sur.

Desgraciadamente, Pedro, nuestros funcionarios, nuestros altos funcionarios, ni pasan hambres ni se exponen, y no sienten lo que está pasando con nuestros hermanos del sur. Hay una insensibilidad fruto de la ignorancia. Hace falta que vengan ellos, que vean lo que acá está pasando porque es increíble, de veras, el grado de atropello que estamos viviendo.

En este sentido, refiriéndose a la inmigración, le voy a repetir lo que me dijo un diplomático, que no voy a decir su nacionalidad, pero estoy totalmente de acuerdo. "Tratándose de los migrantes, la corrupción se ha institucionalizado", con eso le digo todo. Analícelo y vea cómo se ha hecho un juego no solamente de acción delictiva contra ellos sino también de impunidad. Las autoridades se cubren unos a otros, se justifican, eso es.

Por ejemplo, si se quiere poner una demanda, los migrantes no pueden hacerlo porque nadie les va a hacer caso. Con quién se van a quejar si las autoridades son juez y parte. No hay en realidad instancias para ellos.

Y no respetan a nadie. Nosotros también somos víctimas de las autoridades. Agentes de migración se han metido arbitrariamente aquí a la "Casa del Migrante". No hace mucho tiempo que lo hicieron pero el director del albergue, el cuidador de la casa, los detuvo y les exigió identificación actualizada, y una orden de un juez debidamente establecida. Como no tenían eso se retiraron. Pero ya habían esposado a cuatro indígenas guatemaltecas mientras perseguían a los demás.

También en el albergue que tenemos en Tierra Blanca, Veracruz, tuvimos el mismo problema. Ahí entraron los de la PFP [Policía Federal Preventiva] pero lo hicieron en coordinación con inmigración [Solalinde se refiere a las autoridades del Instituto Nacional de Inmigración]. No puede negarlo inmigración porque estaban las unidades de inmigración esperando en perfecta coordinación con la PFP. Entraron, a patadas, violentaron la puerta. Se metieron con armas de alto poder, sacaron una veintena de muchachos, amagaron a un señor de edad que cuida en las noches el albergue, etcétera.

Pedro: ¿Padre, usted qué ha vivido personalmente?

Padre Solalinde: Mire, yo fui golpeado y arrestado también por la misma razón, por defender a los migrantes. Iban cinco secuestros y ¿a quién presento mi queja? Yo mandaba oficios al delegado de gobierno y nunca me contestó. Me fui con el Presidente Municipal; él me recibió una vez, me pidió nombres, me pidió pruebas, se las entregué y jamás me volvió a recibir.

Pedro: ¿Padre, a qué se enfrentan los migrantes por estos caminos, cómo llegan a este lugar, qué le ha tocado ver?

Padre Solalinde: Ay Pedro, si usted supiera. La gente no se puede imaginar, necesitan venir y conocer para que se den cuenta. Mire, el otro día llegó un grupo de jóvenes y venían muy dolidos, golpeados; les habían quitado su dinero pero además a un joven hondureño le cortaron su nariz con un machete, los asaltantes. Curiosamente, inmigración hizo todo lo posible por repatriar a este muchacho de inmediato, todo lo posible. Cuando nosotros fuimos para prestarle ayuda, ya estaba en Honduras. Pedro, inmigración ha hecho operativos estando en marcha el tren. En una ocasión, en agosto del año pasado [2006], estuvo el tren parado y no hubo operativo, pero cuando empezó a andar, justamente cuando estaba andando, inmigración hizo un operativo. Esto ocasionó varios heridos y la muerte de una niña de 14 años. El tren la mató. Se llamaba Marielena.

En Veracruz por ejemplo, hace unos meses, también inmigración estaba persiguiendo en sus operativos a los migrantes, y entonces a uno de ellos el tren le cortó la cabeza, de verdad. A otro le mutiló una pierna, otro se tiró del tren, se suicidó por la presión que vivió, se tiró del tren.

La charla entre el padre y yo se llevó a cabo en el comedor del albergue. Era una mañana soleada y hacía algo de viento. Nos sentamos a platicar a un lado de las mesas, debajo de un amplio tejaban que cubre el comedor con muchas mesas largas y sillas plegables, donde fácilmente pueden sentarse unos 60 migrantes a comer al mismo tiempo, sino es que más.

Estábamos rodeados de migrantes que ponían mucha atención a las respuestas que el padre Solalinde daba a mis preguntas, y más atención ponían a las historias de abusos que este sacerdote católico, distinguido por vestir siempre de blanco y traer un crucifijo de madera colgado por encima de su camisa, me relataba. Algunas de esas historias ponían los pelos de punta a cualquiera, ya fuera por la rabia que provocaba escuchar el nivel de abuso e impunidad en esa parte de México o por miedo a ser una víctima más.

Entre los migrantes que estuvieron sentados detrás del padre, hay dos que recuerdo en particular. Uno de ellos es un joven salvadoreño de nombre Manuel, quien jugaba con un gatito de escasos meses de edad que él cargaba en sus brazos. Lo recuerdo porque lo tenía frente a mí pero estaba a espaldas del padre. Cada vez que veo el documental, es imposible no distinguir en varias de las tomas a este joven de camisa azul jugando con el pequeño felino.

Por cierto, Manuel logró llegar a su destino, Dallas, Texas. Desde entonces se estableció en esa área compuesta por varias ciudades también conocida como el "Metroplex". A mediados del mes de octubre de 2011, contrajo nupcias con una chica de ascendencia latina pero nacida y criada en Estados Unidos. Me enteré porque en su cuenta de Facebook cambió su estado civil a "casado". Sí, Manuel como varios migrantes que conocí mientras filmaba *La bestia*, también se han unido a las filas de los usuarios de esta popular red social, y es así como mantengo contacto con él y con varios de ellos.

No obstante, a quien más recuerdo y me rompe el corazón de tristeza cada vez que lo veo, es a Luis Alberto Hernández Custodio. Él estaba sentado a un costado del padre Solalinde durante la entrevista. Vestía una playera color café y un pantalón azul de mezclilla. Luis aparece en el documental tantas veces como el padre, y es que nunca se quitó de donde estaba sentado durante toda la plática que sostuve con el sacerdote.

Tristemente, esas imágenes de Luis Alberto son las últimas que se tienen de él en vida. Este joven salvadoreño que huía de las pandillas en su país, fue arrastrado por las corrientes del Río Bravo en la frontera con Texas cuando intentaba cruzar nadando al lado americano acompañado de unos amigos, un par de semanas más tarde de la última vez que lo vi; nunca más se volvió a saber de él. Las fotos que le tomé en el camino y el video donde aparece montado en *la bestia*, así como donde está sentado a un costado del padre Solalinde en el albergue durante la entrevista, son las últimas imágenes que su madre en El Salvador volvió a ver de su hijo con vida.

Cada una de las preguntas que le hacía al padre Solalinde y cada una de las respuestas que me daba eran absorbidas con atención por Luis Alberto, y así transcurrió toda la entrevista.

Pedro: Pero padre, ¿qué le pueden robar a esta gente que viene sin nada?

Padre Solalinde: Fíjese que lo que sea es bueno para robarles y cuando no tienen nada también usan su cuerpo. Es increíble cómo ellos los vejan, cómo los humillan.

Fíjese, un día llegó un joven aquí al albergue, venía con otros amigos. No digo la nacionalidad para que no vaya a ser identificado. Venía callado, venía llorando. Y les pregunté, "¿Cómo les fue en el camino?", y dijeron ellos, "Padre, nos asaltaron. "¿Pero qué le pasa a él?", [pregunté] refiriéndome a un muchacho muy joven. "¿Te lastimaste?" Y no quería decir nada. Cuando ya comió y descansó, él me dijo que quería platicar conmigo, no confidencialmente, quería hacerlo delante de sus compañeros porque habían sido testigos. Dijo que como no traía dinero los asaltantes lo hicieron "pagar con cuerpo" y lo violaron, y él tenía mucha rabia y decía que quería volver, y aunque ya no pudiera regresar a su tierra o ir a Estados Unidos, él quería regresar a desquitarse de eso que le hicieron.

En otra ocasión, una señora vino acá muy triste porque, fíjese, a su hija le quitaron todo lo que traía; las desnudaron a las dos delante de otros cuatro migrantes que viajaban con ellas, y entonces les metieron los dedos en sus partes para ver si no traían dinero escondido, pero primero querían violar a la muchacha y como ella no se dejaba, la golpearon, la sangraron, según dicen los testigos. Finalmente la violaron. Y cuando la estaban violando, a la muchacha, la mamá gritaba y protestaba, y le dijeron con palabras que no puedo repetir que se callara porque sino a ella también le iba a pasar lo mismo, y de hecho lo hicieron, también la violaron delante de los jóvenes y delante de la hija.

Son cosas muy lastimosas, muy dolorosas, que solamente quien las vive puede preguntarse, pues en qué México vivimos, en qué país vivimos. Es increíble que en México que firma tantos tratados y que erradicó la tortura y que no sé qué tanto, estemos viviendo estas cosas tan terribles.

Ay Pedro, son tantas las historias y tan dolorosas todas que da tristeza contarlas. Mire, un día a un joven, de él sí puedo decir su nombre, se llama Edgar, llegó muy mal. Lo único que nos pudo decir es que a su grupo lo habían asaltado.

Estuvimos platicando —yo soy terapeuta— al principio no quería abrirse, pero platicando finalmente aceptó hablar de lo que vivió. Pedro, es que lo que le había pasado también era terrible. Me dijo, "Padre, mire, si a mí como ser humano me quitan mis pertenencias no me da coraje, si me quitan lo que me quiten no me da coraje, pero que me hayan violado, eso no lo acepto padre, porque es una injusticia. En qué grado de animalización están esas personas degeneradas que hacen esto sin importar la vida de uno. Tal vez a otros no les importa padre, pero a mí sí me importa y estoy destrozado".

Pedro: ¿Padre, qué pasa con las mujeres, qué tanto sufren las mujeres en este camino? ¿Son muchas las que hacen esta travesía?

Padre Solalinde: De hecho nunca hay un grupo donde no venga una mujer, pero a veces vienen más. Hay mucha presencia de mujeres y ahorita están viniendo jovencitas, sobre todo de Guatemala. Muy jóvenes, casi niñas. Recientemente hubo un accidente de un tráiler y en ese tráiler venían 110 migrantes; sesenta de ellos eran mujeres, muy jóvenes todas. Los migrantes fueron asegurados por inmigración; yo los entrevisté. Cuando estaba cuestionando a una de ellas, se llama Martha, de El Salvador, le pregunté, "Martha, ¿por qué viajan ustedes? Mire lo que les acaba de pasar. ¿Por qué viajan? ¿Por qué quieren ir a Estados Unidos?", y me contestó, "Porque hay *televisión*, padre". Y le dije, "¿Y eso qué tiene que ver?" Me dijo, "Padre, sino viviéramos en un mundo globalizado, nosotros no nos daríamos cuenta cómo está la situación en otro lado y las cosas que a nosotros nos faltan. Eso que vemos por televisión que tienen en otros países lo queremos para nuestros hijos. No es posible condenar a nuestros propios hijos a la mera subsistencia". Martha era una mujer preparada. Fue deportada y ya no supe qué pasó con ella después.

En un hogar cuando se desintegra la pareja, la mujer es la que conserva, la que cuida y ayuda a crecer a los hijos. El hombre se puede ir muchas veces pero la mujer no. Cuando la mujer tiene que dejar a sus hijos, esto le está hablando del grado tan dramático de la situación, al grado de arriesgarse ellas, separarse de sus hijos para poder lograr un dinero y lograr la subsistencia y, por qué no, el desarrollo más armónico de sus hijos.

Las mujeres son heroicas, vea cómo se arriesgan. Acá hemos tenido casos de mujeres que vienen con sus hijitos o la abuelita. Nos tocó una abuelita que venía de Guatemala con una nieta y la señora venía cuidándola en el tren y así se tenía que ir.

Pedro: ¿Hasta dónde llegó esa señora y la niña?

Padre Solalinde: Ahorita ellas ya están en Estados Unidos. Están en California. La nieta y ella llegaron con su hija a California. Ahorita ya están reintegradas las tres. Las mujeres son el punto más vulnerable y más dramático que tenemos en esta tragedia que se está viviendo con los migrantes. Y ellas lo saben perfectamente y aún así dicen que no les queda otra más que arriesgarse, sí, por amor a sus hijos, por amor a su familia.

Pedro: ¿Cuántas muertes habrán cobrado los trenes, cuánto sufrimiento, cuántas familias sin su ser querido ha dejado este recorrido, padre?

Padre Solalinde: Ay amigo, usted acaba de tocar un punto muy doloroso... muy doloroso. El problema de todos los que caen en el tren, a los que matan, a los que asaltan, es que nunca se sabe de ellos y nunca se sabrá.

Aquí en Juchitán, Oaxaca, y en otras áreas por donde pasan los trenes, con frecuencia encontramos osamentas. En los periódicos va a leer que encontraron una, dos o tres osamentas, y se presume, dicen, que son de migrantes, pero no hay nadie que los reclame, no hay nadie que haga un estudio, que haga un análisis ni nada. Para ellos sólo hay una fosa común.

En la vida cotidiana se cae una persona del tren, bueno, pues no la identifican, no la reclama nadie y se va a la fosa común, y nadie sabe ni sabrá nunca nada. Y son muchísimos. No hay estadísticas, nadie tiene estadísticas de cómo pasa esto. Es una cosa muy dolorosa. La estadística de la muerte, de verdad. Es el "tren de la muerte". Y no sólo el tren, si no la ruta en sí, porque nadie puede saber en qué momento van a morir.

Amigo Pedro, esta es una frontera sin ley, pero que justamente se esgrime la ley para apresar a los migrantes, para justificar todo tipo de atropellos. Esa ley famosa, ley general de población. Es el estado de derecho que exigen a todo mundo respetar y que todo mundo no respeta. Yo le doy una definición muy clara a este territorio: es un estado sin ley, así nada más.

Varias horas después de la entrevista en el albergue "Hermanos en el Camino", me encontré de nuevo con el padre Alejandro Solalinde. Eran como las ocho de la noche y estaba en la estación de tren de esa Ciudad, Ixtepec, Oaxaca. El ferrocarril carguero se preparaba para salir rumbo a Medias Aguas, Veracruz —180 kilómetros al norte— la siguiente parada para los migrantes, y varios kilómetros a su favor en su camino hacia Estados Unidos. El Padre Solalinde andaba entre los vagones del tren despidiendo a "sus muchachos", "echándoles la bendición" y pidiéndoles que cuidaran de las mujeres y de los niños y que tuvieran mucho cuidado en su viaje.

Me impactó mucho verlo tan preocupado por cientos de migrantes a quienes trataba como si fueran sus propios hijos. No paraba de darles recomendaciones a unos y a otros. A los que había conocido en su albergue y a los que se habían quedado a dormir en las vías; a todos trataba por igual, por todos se preocupaba del mismo modo. Ahí tuve la oportunidad de entrevistarlo una vez más, al pie de las vías del tren, segundos después de ver el último vagón perderse en la oscuridad de la noche.

Padre Solalinde despide y bendice a migrantes

Pedro: Padre, vienen de Arriaga, llegan a Ixtepec y de Ixtepec van a Medias Aguas, ¿prácticamente están en el inicio de la trayectoria por México?

Padre Solalinde: Así es Pedro, están en el inicio de la trayectoria pero créame, es triste decirlo, pero pasaron lo peor. Pasaron Chiapas, que es un verdadero infierno para ellos, y pasan Oaxaca que no "canta mal las rancheras".

Pedro: ¿Cómo los vio en su partida, padre?

Padre Solalinde: A diferencia de cómo llegaron, yo los vi más tranquilos, más descansados. Desgraciadamente no podemos darles las comidas que quisiéramos, pero cuando menos comieron algo, se van más descansados y más fortalecidos. Yo siento que van con mucha esperanza con la energía que tienen. Usted los vio. Se van con una gran esperanza, con una gran fe.

Pedro: ¿Qué ve en sus rostros, padre?

Padre Solalinde: Yo veo en sus rostros un futuro. El padre John McGuire, de mi equipo de trabajo, me decía que ve con mucha esperanza la partida de ellos. Los ve como los que van a reformar no sólo Estados Unidos, sino van a reformar la Iglesia Católica.

El padre Solalinde es un hombre muy sensible y más cuando se trata de los migrantes. Lo vi en sus ojos desde que lo conocí, la manera que habla de ellos, la forma en que los trata, como los cuida y como los protege.

Y cuando llega el momento de despedirlos, ya sea desde el albergue o cuando tiene tiempo va hasta las vías a decirles adiós y echarles la bendición, pareciera que estuviera despidiendo a sus propios hijos.

Cuando despidió a este grupo que yo iba siguiendo, lo vi muy triste, muy emotivo y no pude evitar preguntarle sobre los sentimientos que le afloran en momentos como ese.

Pedro: ¿Qué siente cuando los ve partir?

Padre Solalinde: Muchos sentimientos encontrados, Pedro. Una sensación de esperanza pero también mucha tristeza porque no sé lo que les vaya a pasar en el camino. No sé si los van a asaltar, van a salir "los maras", no sé si van a detenerlos o golpearlos las corporaciones policíacas esta madrugada cuando lleguen a Veracruz. No sé qué vaya a pasar con ellos. El padre John y yo hemos dado la bendición a cada uno de ellos como lo hacemos cada vez que nosotros podemos y los dejamos en manos de Dios, por eso también da tristeza e incertidumbre.

Pedro: ¿Viene con frecuencia a despedirlos aquí a la estación del tren?

Padre Solalinde: Normalmente siempre venimos. Cuando estoy en comisión o estoy fuera no puedo venir, pero el padre John siempre viene. Pero cuando definitivamente no podemos venir, los bendecimos dentro del albergue y les decimos que no importa si son de otra religión, que hay un sólo Dios. Y esa bendición que les damos significa el cariño de su familia porque en esa bendición va la bendición de su padre, de su madre, de sus hermanos, de su familia, de los hijos que dejan, de la esposa que dejan, del esposo que dejan.

Pedro: ¿Se siente como un padre de familia que despide a sus hijos cuando se van?

Padre Solalinde: Sentimos que hay un acercamiento humano muy grande y vibramos, y finalmente nos da mucha tristeza que se vayan. Sí, nos da mucha tristeza. No me da vergüenza decirlo, pero muchas veces hemos llorado.

Pedro: ¿Al verlos partir?

Padre Solalinde: Sí, lloramos porque vimos cómo llegaron y ahora vemos cómo se van.

La lucha del padre Solalinde por defender a los migrantes de paso por México, las constantes denuncias de secuestros, extorsiones y asesinatos ya sea por grupos de criminales como de las mismas autoridades, le ha valido serias amenazas de muerte de parte del crimen organizado, incluyendo la conocida banda de "Los Zetas". Sin embargo, nada lo ha hecho desistir de continuar su labor humanitaria.

"Yo he matado a varios migrantes"

"Lalo"
País de origen: México
Maquinista jubilado
Tierra Blanca, Veracruz.

Entre los escalofriantes testimonios y relatos que me contaron durante el recorrido por la llamada "ruta del migrante" mientras filmaba el documental *La bestia*, hubo uno que simplemente me dejó sin aliento: "Yo he matado a varios migrantes". Me tomó varios segundos digerir lo que acababa de escuchar de una voz que surgió a mis espaldas.

Yo estaba parado a un lado de las vías filmando la salida de un tren de la ciudad de Tierra Blanca, Veracruz con rumbo al norte. Según los migrantes, ese tren iba a la capital mexicana. Sin embargo, ninguno de ellos hizo el intento por subirse a pesar de haber cientos de centroamericanos apostados a la orilla de las vías esperando a que pasara un tren. A ese ferrocarril carguero todos se limitaron únicamente a verlo pasar hasta que se perdió en la distancia.

El tren que atravesaba frente a nosotros transportaba productos altamente inflamables, por esa razón cada vagón era vigilado por personal uniformado fuertemente armado. Algunos iban parados en las planchas de los vagones y otros sentados en los techos con sus potentes rifles colgados al hombro.

"Es común tanta seguridad en algunos trenes como ése, y pues así ni cómo montarnos", me comentó un migrante parado a un costado mío mientras veía escapar frente a sus ojos una valiosa oportunidad de continuar su camino al norte.

Más tarde me enteré que esos trenes cargueros con uniformados fuertemente armados transportan como carga diversos químicos, combustibles y fertilizantes. La vigilancia evita que los migrantes se suban y puedan provocar una tragedia o que alguien intente robarse el explosivo cargamento.

La persona de quien surgieron las gélidas palabras que me erizaron la piel, era un señor de estatura media y que aparentaba tener unos 55 años de edad. Tenía tez blanca, pelo rizado y usaba gafas. Vestía una camisa de mangas cortas con rayas amarillas entrelazadas de un rojo tenue y un pantalón caqui tan deslavado que parecía blanco. Su indumentaria no combinaba con las sandalias color azul fuerte que lo delataban a la distancia. Tenía un abdomen grande y redondo y su sonrisa era algo pícara.

Cuando me dirigí a platicar con él, el tren ya había pasado, y los migrantes que estaban parados al pie de las vías viendo cómo los más de cien vagones repletos de guardias armados abandonaban la ciudad sin ellos, empezaron a dispersarse. Algunos buscaron la sombra de árboles cercanos y otros simplemente se sentaron en el suelo recargados sobre las cercas de las viviendas adyacentes al camino ferroviario.

Me volteé a donde estaba este peculiar personaje que me había sorprendido con sus palabras y le cuestioné el origen de lo que unos segundos antes había dicho.

Empezamos a conversar y cada vez más me sorprendía con sus relatos. En efecto, me reiteró que había matado a varios migrantes centroamericanos y me dio algunos detalles de lo ocurrido. También me dijo que las imágenes de esas experiencias aún las tenía muy vivas en su memoria, y que en más de una ocasión había despertado a media noche perseguido por los recuerdos.

Me tomó algunos minutos convencerlo a que me diera una entrevista en cámara para el documental y me contara la historia completa, pues ya me había asaltado la curiosidad por saber cómo y cuándo mató a esos migrantes de quien hablaba como si se tratara de cualquier cosa y por qué aún estaba libre.

Accedió a la entrevista y me autorizó a que publicara su relato de la manera que yo quisiera, siempre y cuando ocultara su rostro y su verdadero nombre. Acepté sus condiciones. Sin embargo esta entrevista no la incluí en el documental porque no quería usar personas en silueta; buscaba que cada entrevistado mostrara su rostro.

"Lalo", como llamaré a este ex maquinista de trenes y oriundo de Tierra Blanca, Veracruz, México, es un maquinista jubilado de la compañía Ferromex. Desde niño soñó con manejar esas monstruosas máquinas de acero y lo hizo por varias décadas. Fue precisamente recorriendo distintas rutas ferroviarias de México que, de manera involuntaria, acabó con la vida de varios migrantes, principalmente en el sur del país.

Pedro: Lalo, ¿cómo está eso de que usted ha matado migrantes?

Lalo: Desgraciadamente sí. Y no nada más a mí me ha pasado; a muchos de nosotros que trabajamos en el ferrocarril nos ha tocado atropellar gente. Muchas veces los veíamos ahí tirados en las vías y no sabíamos si ya estaban muertos, heridos o simplemente dormidos por el cansancio, el caso es que no se movían, no se levantaban. Imagínese, es algo verdaderamente doloroso hasta recordarlo.

Pedro: ¿Por qué no se paraba, por qué no detenía el tren para evitar atropellarlos?

Lalo: Pues no puedes parar el tren a unos cuantos metros. Hay veces que no los distingues hasta que estás ya casi encima de ellos. Es muy feo en verdad. Y es que muchos se acuestan en las vías que para que los despierte el tren y logren subirse. Creen que el ruido y la vibración de las vías los va a despertar. Lo que pasa es que muchas veces vienen ya muy cansados y nada los despierta. Muchos mueren sin darse cuenta qué pasó. Es muy feo, muy triste verdaderamente.

Pedro: ¿Ha visto muchos migrantes muertos en estas vías?

Lalo: Desafortunadamente si me tocó ver muchos. Mutilados, muertos, heridos, de todo. A veces nos teníamos que parar porque alguien se había caído, y ahí está bañado en sangre, sin una pierna, sin un brazo o sin la cabeza, ya sin vida.

Pedro: ¿Qué vio más, hombres o mujeres?

Lalo: Pues no estoy seguro pero creo que hombres, aunque también había muchas mujeres y muchachos muy jóvenes, casi niños. Verdaderamente hay de todo. Este camino y ese tren se llevan a cualquiera; no respeta. Pero no sólo cuando andaba de maquinista. Aquí también frente a mi casa, aquí en los patios de la estación he visto cómo las autoridades hacen redadas y corretean a la gente cuando los trenes están empezando a andar, y caen y se matan. Hace apenas unos meses una señora se cayó cuando la perseguían y el tren le cortó la cabeza; murió ahí mismo. A varias personas me ha tocado ver morir de un sólo golpe aquí, porque la policía o los federales o no sé qué otras autoridades los corretean, pero aquí mismo, mire, frente a todo mundo.

Lalo indica con la mano derecha hacia las vías que están frente a nosotros, asegurándose que me quede claro el sitio donde ha visto esos atentados contra los centroamericanos y sus consecuentes decesos.

Mientras se lleva a cabo la entrevista, algunos migrantes pasan de un lado al otro de las diversas líneas de acero que conforman los patios de la estación ferroviaria de esa ciudad, cargando mochilas en sus espaldas o pequeñas bolsas de plástico en la mano. Otros siguen sentados a la par de las vías o recostados muy cerca o debajo de los vagones parados en las cercanías de la estación.

Pedro: ¿Qué sentía cuando se encontraba ante una situación como esa, de atropellar a una persona acostada en las vías?

Lalo: Ah, pues imagínate. ¿Ver a un ser humano que posiblemente necesite tu ayuda y no se la puedes dar? Pues no puedes parar un tren de cinco mil u ocho mil toneladas, y si va en bajada menos. Es feo verdaderamente. El que haya vivido eso y me escuche, verdaderamente va a comprender lo que estoy diciendo. No podemos volantear un tren y esquivar a la persona. Si está en las vías y no se alcanza a levantar, es una vida que se pierde injustificadamente, aunque te duele y es un pesar para ti y te queda en la conciencia, pero, ¿qué podemos hacer en esos casos?

Pedro: ¿Cuántas veces usted atropelló gente o migrantes, si es que eran migrantes?

Lalo: Unas tres veces más o menos.

Pedro: ¿Tres veces pasó por encima de migrantes?

Lalo: Pues sí, pero como le digo, no se movían, no sé si estaban vivos o ya muertos. Verdaderamente es feo, es feo porque verdaderamente no desea uno el mal a nadie.

Pedro: ¿Nunca se ha sentido culpable por esas muertes?

Lalo: Pues no, porque como le digo, yo no tenía la culpa. Si los hubiera visto unos dos kilómetros antes de atropellarlos pues hubiera podido detenerme para que se levantaran, pero así nada más uno no puede parar el tren. Es verdaderamente muy triste pero no había nada qué hacer.

Pedro: ¿A otros compañeros suyos también les pasó lo mismo?

Lalo: A muchos, casi a todos, más bien creo que no hay maquinista que no le haya tocado. Hay veces que nos ponemos a platicar pues, y desgraciadamente dicen, "El otro día estaba un pobre cuate ahí tirado en la curva fulana de tal y cuando lo vi dije, a su..." Pues ya no más dije, nombre sea de Dios ¿pues ya qué hago? Dios lo tenga en su Santa Gloria. Porque si estaba muerto pues ya lo maté otra vez, ¿pero si estaba herido o nada más dormido? Pues ahí quedó el pobre y pues ni modo, así es esto.

Después de decir lo anterior, Lalo hizo una larga pausa y se quedó callado, mirando de frente a los patios del tren al que le entregó parte de su vida. Observaba a los migrantes que continuaban yendo y viniendo de un lado para el otro, quizás pensaba cuál de ellos sería el próximo en caer víctima del también llamado "gusano de acero", y a cuál de sus ex-compañeros de trabajo le tocaría cargar con la conciencia de una muerte más.

Al observarlo, creí que su mente estaba reviviendo algunas de las imágenes que le tocó ver de frente en tres ocasiones. A lo mejor recordaba los rostros o tal vez el color de la ropa que llevaban puesta esos migrantes al momento de atropellarlos. O posiblemente se quedó pensando en los seres queridos que esas personas, a quien él les arrebató la vida de manera involuntaria, dejaron sufriendo en sus países de origen.

Ya no pude preguntarle nada más. No sabía qué más cuestionarle. Se me hizo un nudo en la garganta y no pude formular nuevas palabras. Por mi mente pasaron mil imágenes, rostros, nombres, apellidos y nacionalidades. Me imaginé a las madres, hermanos, esposas o hijos que quedaron esperando noticias de ese ser amado que salió de casa con la promesa de darles una vida mejor, y de quien nunca más volverán a saber si vive o muere.

El silencio de ambos fue interrumpido por un niño no mayor de diez años que llegó corriendo a buscar a Lalo. "Abuelito, abuelito, mi abuelita lo está buscando para que vaya a comer", le dijo el pequeño de tez morena y mirada inquieta. Lalo, amablemente me extendió la invitación a comer a su casa. Vivía a escasos cincuenta metros de donde estábamos parados.

Le agradecí su amable gesto pero no acepté, diciéndole que tenía que ir a buscar a Hiram, mi compañero de viaje en esta aventura. Pero en realidad necesitaba estar solo por un rato. Quería remover de mi memoria las escenas que este maquinista jubilado había sembrado en mí.

Han pasado cuatro años desde aquel día y sus palabras así como las escenas que describió aún siguen incrustadas en mi mente. Jamás he podido remover de mí las imágenes que Lalo me dibujó con sus relatos. Temo mucho que viviré con ellas por el resto de mi vida.

"El tren me iba como chupando para adentro..."

Eva García Suazo | 27 años de edad
País de Origen: Honduras
Víctima del tren
Primer viaje en *la bestia*

En mi recorrido a lo largo de la llamada ruta del migrante por México, me llamó la atención de manera dramática el sinnúmero de mujeres que conocí intentando cruzar ese país ilegalmente, arriesgándose a los desafíos de tan mortífera travesía, y al infierno que representa montar la llamada *bestia* por tal de llegar a los Estados Unidos. La mayoría eran madres solteras y de edades que no rebasaban los 25 años, pero también conocí a algunas mujeres casadas que dejaron a sus esposos al cuidado de los hijos para emigrar al llamado país de las oportunidades. Todas ellas, madres solteras y casadas, tenían el mismo objetivo: intentar salir de la aberrante miseria que han vivido por generaciones y ofrecerle a sus familias un porvenir más prometedor.

El caso de Eva García Suazo está entre los más impactantes que conocí. Eva es una joven madre de tres niños y originaria de Honduras. Lo que Eva vivió en su transitar por México le cambió la vida para siempre a ella y a toda su familia. Su sueño de ganar dólares se convirtió en el peor de sus calvarios. Su paso por México rumbo al paraíso soñado terminó siendo la pesadilla nunca antes imaginada. *La bestia* la marcó para siempre, le devoró parte de su cuerpo.

El padre Alejandro Solalinde me dijo en la charla que tuvimos al inicio de la travesía, "No hay un grupo de migrantes donde no venga una mujer y cada día son más jóvenes". En efecto, el sacerdote estaba en todo lo cierto, fueron demasiadas las mujeres que vi cruzando México montadas en *la bestia*, muchas más de las que podía imaginar. La mayoría eran muy jóvenes de entre 15 y 25 años de edad, pero también vi varias de entre 30 y 40, aunque se veían diez años más viejas. Sólo recuerdo haber conocido dos señoras que rebasaban las cinco décadas. Algunos migrantes me platicaron que no es extraño ver mujeres de esta edad o aún mayores haciendo dicho recorrido.

Muchas de estas mujeres nunca han visto un tren físicamente antes de llegar a México. Los conocen sólo en películas, en libros o por televisión, aunque todas aseguran haber oído hablar sobre *la bestia* y están conscientes del peligro que representa.

Estas valientes migrantes lo arriesgan todo por el bien de los que dejan atrás. Se atreven a desafiar cualquier peligro que ofrece la travesía por México con el único deseo de mejorar sus vidas y las de sus familias. Eso es lo que buscaba Eva García Suazo cuando decidió cruzar México montada en *la bestia* en el año 2003. Ahora ella vive postrada en una silla de ruedas en el albergue "Jesús el Buen Pastor del Pobre y el Emigrante, A.C.", en Tapachula, Chiapas. Un albergue dedicado a servir principalmente a víctimas del tren. Lo que esta joven madre hondureña vio y vivió, deja a cualquiera sin habla.

Ahí, en el pequeño cuarto del refugio que tenía como hogar y donde vivía con sus tres pequeños hijos, Eva me platicó cómo la tragedia le cambió la vida y por qué años después de su desgracia se mudó a vivir a México en vez de quedarse en su natal Honduras.

Pedro: Eva, ¿cómo decides irte a los Estados Unidos, por qué te atreviste a cruzar México de esta manera?

Eva: Pues mi esposo no estaba de acuerdo de que yo me viniera, nadie de mi familia, ninguno. O sea, yo tenía un terreno en Honduras y no lo había podido construir ni nada, y me dicen unos amigos, "Mira, al llegar a allá [Estados Unidos] tú vas a construir tu casa luego, luego. Ya verás que hasta vas poder enviar a tus hijos a buenas escuelas, todo va a ser más fácil. Vamos —me dicen— nosotros te vamos a ayudar". Por eso pues decidí venirme. Pues por medio de mis amigos.

Pedro: ¿Con cuántas personas venías desde Honduras?

Eva: Venía con dos personas, dos hombres. Eran mis amigos del barrio.

Pedro: ¿Por dónde entraron a México?

Eva: Entramos por la frontera del Ceibo, cerca de Tenosique, creo que es en Tabasco. Nosotros no entramos por Chiapas. Después de que entramos a México, para llegar a tomar el primer tren caminamos seis días, día y noche caminamos, sin tomar agua, sin comer, sin nada pues.

Pedro: ¿Encontraron asaltantes en el camino?

Eva: Ah sí, este, iban unos pandilleros de El Salvador asaltando a la gente, y si no les encontraban nada de dinero pues los mataban. Cuando yo viajé, en ese tiempo, veníamos en un pueblo que le dicen Pénjamo [Municipio de Paraíso, Tabasco]. Ahí agarramos el primer tren, ahí mataron a tres muchachos de Honduras unos salvadoreños que venían en el tren. Así nomás los mataron.

Pedro: ¿Por qué?

Eva: Ellos [los asaltantes] venían drogados pues, y les querían robar y sólo porque no traían nada los mataron.

Pedro: ¿Y ustedes vieron eso?

Eva: Ah sí, yo vi pues.

Pedro: ¿Tú dónde estabas?

Eva: Ahí estábamos, pues. Estábamos como 100 personas esperando el tren.

Pedro: ¿Ahí frente a todos?

Eva: Sí, frente a todos nosotros. Los apuñalaron y los tiraron para las vías del tren. Y nosotros lo que hicimos fue irnos de ahí porque los pandilleros andaban bien drogados.

Pedro: ¿A ustedes no los robaron?

Eva: No porque cuando nosotros vimos que les estaban golpeando salimos corriendo, porque sino también nos hubieran hecho lo mismo. De ese tren que agarramos nos bajamos antes de llegar a Coatzacoalcos, en

Veracruz, antes de llegar ahí nos bajamos porque hubo un retén, por eso nos bajamos.

Pedro: ¿Pero el tren se paró ahí o brincaron?

Eva: No, el tren no paró, nosotros nos tiramos, y una muchacha que iba en otro grupo, por brincar, el tren le cortó las dos piernas también, era de Honduras. Ahí quedó tirada la pobre. Nosotros no pudimos hacer nada por ella. Nos fuimos porque ahí andaba la migración buscando gente pues, para deportarla. A la par de donde nosotros íbamos, ya era de noche, y se durmió un compañero que se unió a nosotros en el camino. A la mañana siguiente nos despertamos todos y ya no estaba y lo buscaron por todos los vagones del tren y no apareció, no lo encontramos. De seguro que se quedó dormido y se cayó del tren. Eso le pasa a muchos. Algunos hasta se amarran con sus fajos de cualquier fierro, según que para no caerse, pero los fajos se rompen y de todos modos se caen. Es raro que uno vuelva a saber de ellos porque caen en el monte, seguro que se matan al caer.

Pedro: ¿Tú cómo te lesionaste?

Eva: Cuando mi accidente eran las dos de la mañana. Estábamos esperando el tren, no sé cómo se llama ese lugar, pero era en el estado de Veracruz. Estuvimos dos noches y no pasaba, y como a las tres noches de estar ahí pasó el tren, pasó a las dos de la mañana y estaba lloviendo bien fuerte. Decidimos todos agarrar el tren y todos se subieron. Yo brinqué para tratar de subirme; me alcancé a agarrar e iba ya subiendo las escaleras, cuando siento que me cogen de los pies, que alguien se agarró de mis pies. Un chavo, por querer subir él, se agarró del pie mío, y fue cuando yo me resbalé pues, y ahí caí en los meros rieles del tren. O sea, yo iba en los vagones de en medio y cuando ya estaba casi arriba ese chavo que yo ni siquiera conocía, en vez de agarrarse de las escaleras, se agarró de mi pie y me resbaló para abajo. Hasta las vías del tren fui a parar. El tren me iba como chupando para adentro pues, pero yo como pude con el dolor y todo me jalaba para atrás. El tren me cortó una pierna completamente y la otra me quedó colgando pues, pero no me la pudieron salvar. Arriba en la cadera también me hizo una fractura.

Al contar su trágico accidente, Eva se removió la cobija a cuadros con la que se cubría de la cintura hacia abajo, giró la silla de ruedas donde estaba sentada y me mostró sus piernas mutiladas por *la bestia*. La pierna derecha, el tren se la cortó desde la rodilla. Las gigantes puntadas que bordean el área cercenada al nivel de la rodilla, parecían cicatrices causadas por las garras de algún animal salvaje que trató de arrebatarle el pie completo.

Mientras llevaba a cabo la entrevista, sus tres hijos, que jugaban en la única cama que tenía el pequeño cuarto donde vivían, de inmediato se arrimaron a ver las piernas destrozadas de su joven madre, como si nunca antes las hubieran visto. Eva empezó a relatarme con detalle cómo le quedaron las piernas después de la cirugía que le hicieron tras el accidente.

Eva: Mire cómo me quedó. Ésta, ésta me la iban a trozar también hasta acá arriba, hasta acá... pero ahí me pusieron clavos. Mire, tengo clavos ahí. Desde acá. Mire acá me pusieron tornillos. O sea, aparte de los clavos, me tuvieron que poner tornillos para no cortármela toda, porque me la iban a trozar desde aquí arriba. Una me la cortó [el tren] completamente, y la otra me quedó colgando pues, pero no me la pudieron salvar.

Pedro: ¿Qué pasó con sus amigos?

Eva: Pues todos se fueron y me dejaron ahí tirada. Solita ahí yo estaba tirada en las vías del tren a las dos de la mañana. Y estuve casi seis horas tirada ahí, porque en ese lugar no había gente, no había nada, nada, además estaba bien oscuro. Bien solo que estaba todo, era puro monte. Sólo el tren pasaba por ahí. Como a eso de las seis de la mañana pasó un señor que dijo que iba a trabajar al campo, y como escuchó los gritos míos pues, se acercó a donde yo estaba. Me dijo, "No te preocupes que voy a buscar que te vengan a auxiliar, porque yo solo no te voy a poder llevar, y porque de aquí está largo a salir a una carretera". Pues ahí quedé yo tirada nuevamente. Ya no podía ni hablar ni nada. Bien débil que estaba ya. Fue hasta como a eso de las ocho de la mañana que llegaron a levantarme, pero yo ya estaba inconsciente. Cuando me levantaron de ahí de donde estaba tirada, no sentía dolor ni nada, ni el cuerpo sentía, ya se me había dormido todo. Y toda la sangre la había tirado. No tenía nada de sangre ya. El doctor me dijo que de milagro había sobrevivido porque ya había botado toda la sangre.

Eva se vuelve a cubrir, con la misma cobija a cuadros, lo que le quedó de sus piernas mutiladas. Dos de sus hijos regresan a jugar en la cama y el más pequeño, que no rebasa los tres años de edad, se queda junto a ella. Eva disminuye su tono de voz y habla más pausado. Sus palabras tienen rasgos de arrepentimiento al recordar los consejos que le dieron antes de salir de Honduras, tratando de hacerla disuadir de sus planes para que no se aventurara en tan riesgoso peregrinar. Así, la mujer continúa su relato.

Eva: A veces le pasa a uno esto por desobediente, porque a mí me decían que no me viniera, que mejor me quedara cuidando los niños, que era bien riesgoso, no, pero a pesar de todo siempre decidí venirme... y míreme ahora.

Pedro: ¿Qué edad tenías cuando tomaste esa decisión?

Eva: Tenía 23 años.

Pedro: ¿Aquí a este albergue llegan muchos migrantes que han pasado lo mismo que tú?

Eva: Ay sí, bastantes, muchos y casi todos los días. Hace poco, como unos tres meses yo creo, pasó otra muchacha también bien cortita de sus piernas, más cortitas todavía que las mías. En Medias Aguas [Veracruz], creo que así se llama el lugar donde dijo que había tenido el accidente. Pero mire, bien cortitas que se le quedaron sus piernas. Ella viajaba con su esposo. Dice que venía la inmigración y la gente empezó a gritar, "Tírense todos que ahí viene inmigración", y del miedo que sentía y al ver que todos se estaban tirando dice que también se tiró, pero resbaló y cayó entre las ruedas. El tren le cortó las dos piernas de un sólo golpe. Y donde yo me caí, un muchacho de Honduras también se cayó; cayó más adelantito que mí. Pero a él lo mató de una vez, pues. Por mitad dicen que lo partió el tren, salió en un periódico la noticia.

Cuando uno va a salir de su país se siente muy feliz pues porque uno piensa en todas las cosas que uno va a lograr y cómo le mejorará la vida, pero cuando empieza uno a pasar hambre y a sufrir por el camino, por momentos se arrepiente y quisiera como regresarse, pero la gente le da ánimos y ya uno continúa.

Pedro: ¿Es muy difícil hacer este viaje, Eva?

Eva: Ay sí, es bien difícil. Muy, muy difícil. Pues como le digo, nosotros para agarrar el primer tren caminamos seis días, sin comer, sin tomar agua, sin nada. Ya a uno ni hambre le pega pues. Se llega al punto de que no se siente nada. Sí se sufre mucho. Hubiera preferido mejor no venir. En mi país la gente sólo piensa en Estados Unidos. Todo mundo quiere ir a Estados Unidos. En mi colonia, allá en Honduras, un vecino que ya me había visto y que sabía lo que me había pasado cuando recién regresé después del accidente, decidió venirse. Yo le conté todos los riesgos que se sufren y aún así se vino. Al poco tiempo ya estaba de regreso, al igual que yo iba en una silla de ruedas. A él le cortó una pierna el tren. Allá anda el pobre muchacho en Honduras en silla de ruedas, no hizo caso a pesar de todo lo que le dije y de ver lo que a mí me había pasado.

Pedro: ¿Cómo fue ese primer regreso a Honduras, sin tus piernas?

Eva: Pues yo no quería regresar pero me tenía que deportar la inmigración mexicana. Yo quería quedarme acá porque me daba pena que me miraran así mis amigas, mis amigos, los vecinos, y sobre todo mi familia y mis hijos. No quería regresar pues. Sí lo pensaba mucho y les decía ahí en el hospital, "Yo no me quiero ir para mi país, yo me quiero quedar acá". Pero no tenía otra y me regresaron. Yo no quería vivir al principio, decía, "Ay no, que mejor me hubiera muerto porque quedar así...", decía yo, pero después reaccionaba pues al verlos a ellos. Al ver a mis niños y eso es lo que me daba fuerzas. Yo creo que Dios me dio una oportunidad pues, una segunda oportunidad porque yo no entiendo cómo fue que no me morí. Dios es el que me da las fuerzas y hay que pedirle a Dios la fortaleza y la sabiduría, porque sino qué vamos a hacer; Él es el único que nos puede ayudar.

Cuatro años después del accidente, Eva abandonó de nuevo Honduras y se fue a vivir a Tapachula, Chiapas, México, al albergue de Doña Olga, lugar donde la conocí, y donde la mayoría de los residentes son migrantes que al igual que ella sufrieron algún accidente en el camino o fueron víctimas de autoridades, asaltantes o mafiosos y quedaron lisiados. Esta vez, Eva se llevó a sus tres hijos con ella. En el albergue recibió prótesis para sus piernas, aunque nunca se acostumbró a ellas, decía que le lastimaban mucho al intentar caminar, que le era mejor desplazarse en su silla de ruedas.

En el Albergue "Jesús el Buen Pastor del Pobre y el Emigrante A.C", Eva tomó clases en varios talleres donde aprendió costura y repostería, entre otras actividades, que le sirvieron de aprendizaje y entretenimiento, al tiempo que le permitieron sentirse útil. Sus nuevos conocimientos le ayudaron a desempeñar un trabajo dentro del mismo albergue por el cual percibía un salario. Los productos que realizaba ella y el resto de los migrantes se vendían para cubrir los gastos del mismo albergue. Mientras Eva asistía a clases y trabajaba, sus hijos acudían a escuelas públicas locales y pronto se acostumbraron a la vida del albergue, donde todos se ven como una gran familia.

En julio de 2011 cuando regresé al sur de México a investigar qué tanto habían cambiado las cosas para los migrantes centroamericanos desde que filmé *La bestia* a finales de 2007, fui a visitar el albergue "Jesús el Buen Pastor", también conocido por muchos como el "albergue de los mutilados". Al preguntar por Eva me dijeron que ella y sus hijos ya no estaban ahí. Eva había regresado a Tegucigalpa, Honduras, de donde era originaria. Sólo duró año y medio viviendo en el albergue. Nunca más ha regresado a México.

"Prefiero lanzarme por este puente antes de regresar a mi país"

Maribel Centeno | 22 años de edad
País de Origen: Nicaragua
Destino: Estados Unidos
Primer viaje en *la bestia*

AMaribel la vi por vez primera en la Casa del Migrante "Hogar de la Misericordia", de Arriaga, Chiapas. Tenía dos días de haber llegado con Alicia y Ana María, dos migrantes de El Salvador que conoció en un centro de detención migratorio en Chiapas tras ser detenida por cuarta vez intentando cruzar México de manera ilegal. Desde que llegaron a Arriaga, Maribel y sus amigas habían estado esperando la salida del tren. Como ellas había por lo menos unos 700 migrantes más, la gran mayoría lo esperaba a la orilla de las vías, debajo de los vagones o en la plaza y calles aledañas a la estación ferroviaria.

Maribel es originaria de Nicaragua y tenía 22 años de edad, aunque se veía mucho menor. Delgada, de piel morena apiñonada y poseedora de una hermosa sonrisa que le robaba la atención a cualquiera. Sobresalía entre la mayoría de las mujeres migrantes por su juventud y belleza. Muchos hombres se le arrimaban para ofrecerle ayuda y protección en el camino, aunque las intenciones eran diferentes. Maribel se veía tímida hasta para hablar y con frecuencia se refugiaba tras sus amigas que casi le doblaban la edad. Alicia y Ana María la cuidaban y protegían como si se tratara de su propia hija.

La historia de Maribel no es nada diferente al resto de las mujeres que como ella intentan cruzar México en los techos de *la bestia*. La pobreza, la violencia física y verbal de la que son víctimas frecuentes por parte de sus parejas, o el simple deseo de llegar a obtener algo con lo que siempre soñaron las hacen huir al norte.

Esta joven nicaragüense huía de la pobreza extrema y nulas posibilidades de empleo en su país natal, que la forzaron a aventurarse en esta peligrosa travesía con la intención de encontrar el llamado "sueño americano". A su corta edad, Maribel arrastraba una cadena de sufrimientos que se adhirieron a su vida cuando era una niña. Además, guardaba un secreto desde los catorce años de edad que le quemaba el pecho y que por alguna razón me eligió a mí para revelarlo. Prefería que su familia se enterara a través de otra persona pues aún tenía miedo enfrentarlos con la verdad sobre la hija que tuvo siendo aún adolescente.

Tres años después de haber tenido a su primera hija de manera involuntaria, Maribel conoció a un hombre de quien creyó haberse enamorado cuando apenas había alcanzado los 17 años de edad, y se fue a vivir con ese hombre cuatro años mayor que ella, quien terminó abusándola física y psicológicamente, hasta que se cansó de los maltratos y la falta de apoyo económico y lo abandonó.

Esta joven migrante dejó a una hija de ocho años y un hijo de tres encargados con su madre y sus hermanas, y les prometió regresar pronto por ellos, una promesa que hacen muy frecuente a sus seres queridos la mayoría de centroamericanos que intentan llegar de manera ilegal a los Estados Unidos.

Aunque la conocí en el albergue de Arriaga y charlé brevemente con Maribel varias ocasiones antes de montarse al tren, la primera vez que la entrevisté para el documental fue arriba de *la bestia*, un par de horas después de haber salido de Arriaga. Su rostro se veía pálido de miedo, pues era la primera vez que lograba subirse al mortífero tren carguero.

Era un día soleado del mes de octubre. La selva chiapaneca lucía un verde radiante con frondosa vegetación en sus montañas y algunas llanuras que iban quedando atrás conforme avanzaba el tren. Maribel miraba deslumbrada los paisajes del sur de México mientras se sostenía fuertemente con ambas manos recargada a uno de los furgones del tren.

Junto a ella estaba Ana María y cinco migrantes más, todos originarios de El Salvador, entre ellos, Luis Alberto Hernández Custodio, el joven salvadoreño de 24 años que tres semanas más tarde sería arrastrado por las aguas del Río Bravo al intentar cruzar nadando a los Estados Unidos, y de quien nunca se volvió a saber nada más.

Me arrimé al rincón donde estaba Maribel para platicar con ella, aunque el traqueteo de los vagones y el ensordecedor ruido de las ruedas del tren que dejaban escapar exasperantes chillidos al hacer contacto con las vías, nos obligaron prácticamente a gritar para poder escucharnos.

Ese fue el inicio de varias entrevistas que le hice en las siguientes tres semanas de viaje a lo largo de México. En una de esas pláticas, Maribel me reveló un secreto que había guardado por años y que le quemaba el pecho. Nunca pudo enfrentar a sus padres o a su familia con su verdad, y pensó que era mejor que se enteraran a través de alguien más si es que la entrevista se publicaba o era transmitida en algún medio de comunicación en su país natal.

Jamás había escuchado tanto sufrimiento en las palabras de una joven madre. Con voz entrecortada por el llanto y las lágrimas inundando sus mejillas, a lo largo de la entrevista, me contó su vida y el motivo que la forzó a dejar a sus hijos atrás para aventurarse en este viaje infernal a lo largo de México.

Pero inicio los relatos de Maribel con la charla que sostuvimos apenas un par de horas después de haberse subido por primera vez al temido tren carguero, conocido por muchos también como el "tren de la muerte".

Pedro: Maribel, ¿cómo vas, cómo te sientes arriba del tren?

Maribel: Bueno, al inicio me sentía con nervios, pero ahorita ya no, ya me siento un poco más tranquila. En todo este camino le he pedido a Dios, porque ir en tren es más riesgoso que ir en autobús.

Pedro: ¿Cómo se sienten tú y tus amigas en esta su primer aventura en el tren?

Maribel: Bueno sí, es la primera. Al principio mucho miedo, pero ya ahora como que uno se siente más mejor porque no sabíamos ni lo que era abordar un tren.

Pedro: ¿Cuáles son los temores, los miedos principales al subirte al tren?

Maribel: Lo primero es los asaltantes, que aparte de robarte te lleguen a violar, y lo segundo es caerse del tren.

Pedro: Maribel, ¿por qué el tren?

Maribel: La necesidad nos obliga a esto pues. Es la falta de dinero porque en tren uno no gasta. Pero también yo quería vivir la experiencia de cómo era pues, no que te cuenten, sino vivirlo.

Pedro: ¿Así que ahorita ya vas tranquila?

Maribel: Pues sí, un poco más tranquila.

Ese primer recorrido en tren fue toda una aventura para Maribel y sus amigas, y los más de 700 migrantes montados en las decenas de vagones que formaban *la bestia*. El trayecto de cerca de 200 kilómetros entre Arriaga, Chiapas e Ixtepec, Oaxaca, tomó unas 12 horas debido al mal estado de las vías y las continuas paradas que hacía el tren a medio monte sin aparente razón alguna.

Ese día arribamos a Ixtepec casi a la media noche, pero el tren no llegó hasta la estación, paró unos cinco kilómetros fuera de la ciudad y ahí se quedó. El resto del trayecto se hizo a pie, siguiendo las vías. Muchos prefirieron caminar entre el monte pues temían que la parada del tren fuera una trampa para que los asaltantes o secuestradores detuvieran a la gente a medio camino. Y es que es muy común, dicen los migrantes, que los maquinistas o empleados de los trenes se confabulen con asaltantes y secuestradores para entregarles la gente.

Maribel y sus amigas siguieron a un grupo de personas que habían conocido en Arriaga. No caminaron sobre las vías pero iban a una distancia relativamente cerca. Yo los seguía solo con mi cámara al hombro a unos 20 metros de distancia. Una hora y media más tarde, algunos espinados y con raspones tras tropezar un par de veces por la oscuridad, llegamos sin incidente mayor al albergue, "Hermanos en el Camino", del padre Alejandro Solalinde.

El conocido sacerdote los estaba esperando con el albergue aún abierto y alimentos listos para que los migrantes comieran. Estaba preocupado, pues sabía que el tren debía haber llegado un par de horas antes, y es que esa región de Oaxaca es popular por el alto número de asaltos y secuestros a migrantes centroamericanos.

Esa noche a mí también me tocó comer en el albergue como un migrante más, aunque inicialmente me rehusaba a pesar del hambre que tenía. Pero el padre Solalinde me dijo, "Pedro, usted en este momento es uno más de los migrantes. Viene viajando como ellos y sufriendo lo que ellos sufren en el camino, así que deje a un lado la cámara y fórmese para que también le sirvan".

La sopa de verduras con tortillas calientes que servían tres jóvenes pertenecientes a una orden jesuita que estaban de voluntarios por un par de meses en el albergue "Hermanos en el Camino", me supo a uno de los más suculentos manjares que se puedan servir en los restaurantes más exclusivos de Nueva York. Había que comer bien y descansar porque al día siguiente habría que tomar otro tren para continuar el camino al norte.

Cinco días más tarde platiqué de nuevo con Maribel, esta vez estaba en Tierra Blanca, Veracruz, un lugar clave para alcanzar llegar a la Ciudad de México, lo cual representa alcanzar la mitad del camino por ese país y estar a una distancia muy cerca de los Estados Unidos.

En Tierra Blanca el movimiento de trenes es constante. De ahí salen a cualquier hora del día o de la noche, sólo hay que esperar el momento justo y atinar subirse a un tren que vaya directo hasta la capital del país, de otro modo hay que hacer un par de paradas más en otras ciudades y eso representa pérdida de tiempo en el camino y más riesgos para subir y bajar de los trenes en marcha.

Maribel y sus amigas tenían ya dos días esperando que saliera un tren de Tierra Blanca. Habían acampado a la orilla de las vías con decenas de migrantes que tenían las mismas intenciones que ellas, llegar a los Estados Unidos. La joven nicaragüense estaba sentada sobre unos troncos de árbol tirados en el suelo viendo pasar las máquinas de tren que hacían cambio de vagones en los patios de la estación de Tierra Blanca. Su rostro era serio y su mirada penetrante hacia esas gigantes máquinas de acero, que casi reventaban los oídos cada vez que sonaban el claxon justo al pasar frente al montón de migrantes sentados a la orilla de las vías.

La joven madre nativa de Estelí, Nicaragua, 148 kilómetros al norte de Managua, la capital del país, mostraba un rostro serio, parecía nerviosa o preocupada. Sus expresiones estaban muertas, sólo miraba de frente hacia las máquinas del tren que pasaban a un lado de ella. Maribel abrazaba una pequeña bolsa de plástico donde cargaba sus pocas pertenencias. Sus manos maltratadas por la rudeza del viaje aún mostraban pequeños pincelazos de un color claro deslavado que indicaba que un día sus uñas estuvieron bien pintadas. Se apreciaba de manera muy obvia cuando sus manos presionaban la bolsa con sus pertenencias contra las piernas.

Pedro: ¿Estás desesperada Maribel?

Maribel: Ahora sí. Le digo a Ana que al inicio cuando yo miraba que venía el tren me zumbaba el corazón de miedo, pero ahorita ya no me da miedo, más bien estoy desesperada por ya subir y continuar. O sea, sí se cansa uno y a veces se desespera demasiado. Mejor quisiéramos ver la realidad de que si llega o no llega y a ver qué pasa.

Pedro: ¿Cuánto tiempo tienes ya en este camino?

Maribel: Dos meses desde que salí de mi casa.

Pedro: ¿Dos meses?

Maribel: Dos meses.

Pedro: Y nunca habías llegado tan lejos como Veracruz ¿verdad?

Maribel: No, hasta ahora. Siempre me deportaban de Chiapas, o sea esta es la primera vez que pude cruzar el estado de Chiapas.

Pedro: ¿Cuántas veces te han deportado?

Maribel: Cuatro veces, y siempre me han enviado a Guatemala.

Pedro: ¿Por qué a Guatemala si tú eres de Nicaragua?

Maribel: No sé, a toda la gente que nos agarran nos echan a Guatemala sin importar de donde vengamos.

Pedro: ¿Qué pasa si te detienen de nuevo?

Maribel: Digo que si me regresan voy a seguir en tren otra vez. Lo volveré a intentar.

Pedro: ¿O sea que si te regresan vas a intentar subirte al tren de nuevo?

Maribel: Voy de nuevo.

Pedro: ¿Por qué?

Maribel: Porque no quiero regresar a mi país ahorita.

Pedro: ¿Pero son dos meses ya?

Maribel: Dos meses, sí, y no me importa cuánto me tome, pero voy a seguir intentando.

Pedro: ¿Qué ha sido lo más duro de todo esto?

Maribel: Lo más duro es la deportada. Cuando me deportan siento muy feo porque hay que empezar otra vez de nuevo.

Pedro: ¿Cómo te han agarrado, te han correteado?

Maribel: Sí, una vez corrí y me les escapé, ya me habían agarrado y corrí con un primo.

Pedro: ¿Pero te alcanzaron?

Maribel: Me alcanzaron porque me caí varias veces.

Pedro: ¿Dónde fue eso?

Maribel: Eso fue por el monte apenas habíamos entrado a Chiapas.

Detuvimos la conversación porque una máquina de tren color verde oscuro con unas letras gigantes a un costado que leían "Ferromex" pasó frente a nosotros. Su sonido era estrepitoso. Nos ensordeció a todos los que estamos a lado de las vías. Los migrantes levantaron la cabeza y se voltearon a ver unos a otros tratando de averiguar si esa máquina iba a enganchar los furgones que los llevaría más al norte. Pero nadie supo nada. La máquina pasó y se perdió entre decenas de vagones parados a los costados de la estación.

Pedro: ¿Qué sientes cuando ves el tren?

Maribel: Que el corazón me palpita muy rápido.

Pedro: ¿Te da miedo?

Maribel: Sí, da miedo, pero a la vez alegría porque siento que ya en cualquier momento nos podemos ir.

Maribel y sus amigas corrieron con suerte ese día. Cinco horas más tarde, después de la entrevista a un lado de las vías en Tierra Blanca, se encontraban de nuevo arriba del tren. Cientos de migrantes iban en los techos y las planchas de los cerca de 200 furgones que jalaban dos máquinas verdes de Ferromex. Maribel, sus amigas y Silvio, el migrante nicaragüense que se había unido a ellas en Arriaga, viajaban juntos.

La mala noticia era que ese tren sólo llegaría a Orizaba, Veracruz, la mitad del camino entre Tierra Blanca y Ciudad de México, y que de ahí habría que esperar de nuevo hasta que pasara un tren a la capital mexicana. El tiempo de la espera sería de nueva cuenta un misterio.

El viaje hacia Orizaba fue muy tranquilo, cuando menos así se sentía, más bien parecía haber mucho nerviosismo entre los migrantes y eso los llevaba callados y vigilantes. Maribel, Ana María y Alicia miraban con atención hacia diferentes direcciones del tren. Cada una iba parada en una de las cuatro esquinas que forma la unión de dos vagones. Silvio iba vigilando sentado arriba del techo.

Los paisajes en esa parte de México son hermosos. Montañas verdes con frondosa vegetación y pequeños pueblos al paso del tren que parecen sacados de una pintura de museo creada por algún pintor famoso. Pero la tensión es grande para los migrantes y el miedo de dimensiones muy profundas. Muchas son las historias de asaltos y secuestros en esa trayectoria u operativos de las autoridades de inmigración mexicana. Cualquier cosa puede pasar en esas travesías y ellos lo saben muy bien, por eso el nerviosismo sobresalía por encima de sus rostros y los hacía ver como conejillos asustados.

Dos horas después de iniciado el viaje empezó a llover. Todos nos refugiamos en los rincones de las planchas. Maribel se quedó sentada de cuclillas en un rinconcito donde se formó un pequeño charco de agua. Ahí presencié una de las escenas que más me conmovieron de este recorrido por México. Aún la tengo plasmada en la mente como si acabara de ocurrir.

Maribel recogió un pequeño trozo de rama de algún árbol que golpeó con los vagones del tren a su paso y que cayó en la plataforma donde iban los migrantes, lo tomó con su mano derecha y empezó a jugar con el agua de la lluvia y la tierra acumulada en ese rincón. Hacía pequeños círculos y figuritas en el lodo que se formaba con el polvo y el agua. Era una imagen que cualquier artista hubiera envidiado presenciar para luego plasmarla en una de sus famosas obras.

Ver a Maribel entretenerse de esa manera con la inocencia de su rostro y su mirada perdida en el lodo con el que aparentaba distraerse, fue como ver a una niña jugando a ser adulta, montada en una salvaje máquina de acero que podía arrancarle la vida en un suspiro, o bien, llevarla a descubrir un espléndido e inimaginable futuro que podría cambiarle la vida para bien a ella y a sus hijos.

La lluvia paró por un rato, Maribel se puso de pie y aprovechamos para seguir platicando.

Maribel: Tengo mucho miedo que me vayan a deportar. Prefiero lanzarme del tren aunque quede ahí tirada a que me manden de regreso a mi país.

Pedro: ¿Por qué dices eso?

Maribel: No quiero volver a vivir lo mismo y no quiero que mis hijos me vean regresar igual que como salí.

Pedro: ¿Cómo te sientes ahorita?

Maribel: Pues siempre lleva uno miedo y siempre pendiente a lo que pueda pasar.

Pedro: ¿Tienes hambre, les ha dado hambre?

Maribel: La verdad que cuando viajo a mí no me da hambre.

Pedro: ¿Por los nervios?

Maribel: Serán los nervios... Creo que sí son los nervios y la inquietud de saber a qué hora llegamos, no más en eso es en lo que piensa uno, en llegar. Nada de comer. Sólo vamos pendientes de que debemos brincar en cualquier momento, correr y ver cómo buscamos escaparnos. Siempre pienso eso, no me voy a dejar agarrar. Ojalá que sí, que yo pueda escaparme de lo que sea, de la inmigración o de los violadores o los asaltantes.

Pedro: ¿Dos meses no es cansado para ti?

Maribel: Sí es cansado y triste también, pero bueno, uno va con la idea de llegar rápido y ya mucho tiempo ya es desesperante. Pero primero Dios tengo fe que voy a llegar a como dé lugar, cueste lo que cueste pero voy a llegar.

En Nogales, Sonora, tres semanas más tarde

Tres semanas después de la entrevista viajando de *la bestia* entre Tierra Blanca y Orizaba, Veracruz, cuando Maribel jugaba con el lodo, me volví a sentar a platicar con ella, pero esta vez en Nogales Sonora. Finalmente había cruzado México sin ser detenida. La aventura le tomó cerca de tres meses pero logró su objetivo, llegó a la frontera norte, la que divide a México y Estados Unidos. Sus amigas Alicia y Ana María no estaban con ella; se habían separado en las afueras de la capital mexicana cerca de tres semanas antes. Ellas tomaron diferente rumbo.

En esta plática Maribel se abrió como nunca, quería desahogarse de lo que fue su vida en Nicaragua y lo que había vivido a lo largo de México, incluyendo las constantes invitaciones que recibió para trabajar ganando dinero de manera fácil en los bares y cantinas de Chiapas. Sus revelaciones me rompieron el alma. Por primera vez habló de una violación sexual que sufrió de adolescente y que nadie en su familia conocía, y de las consecuencias de dicha violación.

Era un día nublado y fresco del mes de noviembre. Nos sentamos a platicar a mitad de una loma poco poblada en una de tantas colonias pobres que tiene Nogales. De fondo teníamos una vista panorámica de esa norteña ciudad mexicana, destino de tanto migrante que llega con sueños e ilusiones de cruzar a Estados Unidos.

Desde donde estábamos sentados, se veía también la cerca que divide a ambos países y se apreciaban claramente frente a nosotros las casas del otro Nogales, el de los "gringos", Nogales, Arizona.

Maribel había llegado de tan lejos para cruzar al llamado país de las oportunidades y finalmente lo tenía frente a ella y sólo lo podía ver, no podía tocarlo ni pisar sobre él. Estaba tan cerca y tan lejos a la vez.

Pero Nogales, Sonora escondía muchas sorpresas para Maribel. Jamás se imaginó que esta agresiva ciudad fronteriza también le marcaría la vida y el rumbo de los sueños y los objetivos con los que había llegado.

Pedro: Maribel, ¿qué te lleva a los Estados Unidos?

Maribel: A buscar una vida mejor para mis hijos y mi familia, más que todo para mí y mi hijo.

Pedro: ¿Cuántos hijos tienes?

Maribel: Tengo dos, César Bryan de cuatro años y Paola Isamara de ocho.

Pedro: ¿Es muy difícil la situación en Nicaragua?

Maribel: Sí, muy difícil, y es mucho peor para una madre soltera como yo.

Pedro: ¿Qué tan difícil fue decidir emigrar al norte?

Maribel: Pues lo pensé mucho, o sea como tres meses antes de ver la situación en la que yo vivía y en la que vivían mis hijos y mi familia... Y no era tanto ir a los Estados Unidos, yo sólo quería llegar a un país donde se gane un poquito más de lo que se gana en Nicaragua.

Pedro: ¿Cuál era la situación que vivías en Nicaragua?

Maribel: Mucha pobreza. Allá se dificulta todo; ropa, zapatos y lo más importante, los alimentos.

Pedro: ¿En qué trabajabas en Nicaragua?

Maribel: Pues trabajé mucho tiempo como empleada doméstica y también trabajé en una fábrica de leche, o sea en una lechería.

Pedro: ¿Cuánto ganabas?

Maribel: Lo más que ganaba eran tres dólares al día.

Pedro: ¿Tres dólares al día?

Maribel: Así es, al día.

Pedro: ¿Se puede vivir con tres dólares al día en Nicaragua?

Maribel: Pues no muy bien. Se puede vivir sufriendo mucho.

Pedro: ¿Se sufre mucho allá?

Maribel: Más de lo que te puedas imaginar.

Pedro: ¿Qué te pedían tus hijos que no podías darles?

Maribel: Muchas cosas. Ya ahorita cuando tomé la decisión de venirme, lo que más deseaba era tener una casa porque donde yo vivía pues era alquilada, vivíamos nada más yo y mi hijo, solitos los dos.

Las lágrimas le ganan y empieza a llorar cuando habla de su hijo. Son tres meses sin verlo y por primera vez platica abiertamente de él y de la situación que la forzó a dejarlo. Maribel se limpia las lágrimas con las mangas del suéter que lleva puesto. Sus ojos están húmedos y se oye su voz sollozante, pero reanudamos la entrevista.

Pedro: ¿Vivían solos tu hijo y tú?

Maribel: Sólo yo y él.

Pedro: ¿Y tu hija?

Maribel: Ella vive con mi mamá.

Pedro: ¿Cuánto pagabas de renta?

Maribel: Pagaba poco porque era una casa humilde y chiquita. Mi hijo no tenía espacio ni para jugar. Tampoco teníamos televisión. A mi hijo le tocaba ir a donde los vecinos a ver televisión, pero me lo humillaban mucho. A él le gusta mucho la televisión y jugar con el Nintendo, pero nosotros no teníamos, ni tenía cómo comprarle ni siquiera una televisión.

Pedro: ¿No tenías televisión en tu casa?

Maribel: No, con lo que ganaba apenas ajustaba para la renta y mal comer. Por eso él iba con los vecinos pero me lo humillaban por no tener televisión. Él me decía, "Mami, ¿por qué tú no me la compras?" "Porque no tengo cómo comprártela", le decía yo. Yo no más me encogía de hombros o me ponía a llorar a escondidas para que no me viera. Yo sólo quiero trabajar para comprarles una casa a mis hijos y comprarle su televisión a mi Bryan. Yo no quiero nada para mí, lo quiero para ellos. Yo digo, si les llego a faltar cómo quedan ellos, ¿dónde? Mas eso es lo que me obliga a tomar esta decisión y también para ayudar a mi familia, porque también están muy pobres.

Pedro: ¿Cómo eran tus días en Nicaragua, te levantabas y decías, "Ahora qué, seguir trabajando para ganar tres dólares al día"?

Maribel: Sí, era difícil. A veces me llevaba a mi niño al trabajo y pues ahí le daba de comer en las mañanas, pero en la tarde cuando estábamos en casa me pedía y yo no tenía nada que darle y nomás me ponía a llorar porque no podía, no tenía nada que darle, no me ajustaba el dinero.

Pedro: ¿Cómo decides emprender este viaje?

Maribel: Lo pensé mucho pero hubo un momento cuando dije, "Me voy". Entonces hablé con mis hermanos, me dijeron que no, que estaba loca, que cómo podía tomar esa decisión, que cómo le iba a hacer sin saber a dónde ir o con quién llegar, también los gastos, que cómo le iba a hacer si no tenía dinero. Una de mis hermanas se enojó tanto conmigo que cuando yo salí me dijo, "Si tú te vas haz de cuenta que ya no tienes hermanos, ojalá que ya no te volvamos a ver nunca, ojalá te maten en el camino y no vuelvas", me dijo. A mí me dio mucha tristeza que mi hermana me dijera eso, pero pues yo ya lo había decidido y siempre me vine. Cuando salí de Nicaragua yo dije, "Voy a ir estacionándome, puedo llegar primero a El Salvador, trabajo y sigo más adelante". Pero ya llegando a El Salvador una amiga que conocí me empujó, me dijo que era muy difícil, que uno pedía en las calles y que la gente le ayudaba. Y es que uno ve a gente que están con mucha dificultad en el país y de pronto se van a Estados Unidos y les cambia la vida, compran su casa, tienen para comer, y yo quería de eso también. Dije, "Si a muchos les va bien, ¿por qué a mí no?" Pero mi hermana me decía, "Es que ellos tienen con quien llegar y tienen dinero para irse, es gente que puede pero tú no".

Pedro: ¿Dónde dejaste a tu hijo, cómo le hiciste?

Maribel: Pues se lo dejé a su abuela, a la mamá de su papá, porque donde mi mamá no lo podía dejar, pues yo no quería que ella supiera que me venía para Estados Unidos. Fue difícil porque mi hijo no conocía bien a su abuela, la había visto muy pocas veces. Era la primera vez que lo dejaba allá. Pues ni con mi mamá lo dejaba nunca, él siempre estaba conmigo, por eso también fue difícil pero no tenía donde más dejarlo. Yo le dije, "Me voy a ir a trabajar lejos y no voy a volver pronto, pero me voy a ir para trabajar y darte todo lo que tú me pides". Entonces cuando yo le dije que me iba para darle lo que él quería me dijo, "Mami yo quiero una bicicleta y que me compres una tele y un Nintendo, por eso yo quiero que te vayas. "Sí", le dije, "pero yo no voy a volver pronto, yo voy a estar mucho tiempo allá". Él me pedía que lo dejara con mi mamá pero yo no podía, yo no podía dejarlo, porque no le comenté a ella y con mis hermanos yo me vine peleada; ellos dicen que yo no los quiero, que no tengo sentimientos que no quiero a mis hijos, pero sí los quiero.

Las lágrimas le ganan de nuevo y echa a llorar. Se hace una pausa silenciosa entre nosotros. Maribel llora con un sentimiento que desgarra. El amor a sus hijos y la tristeza por las acusaciones de sus hermanos se unen a la soledad e incertidumbre en la que ahora se encuentra en un país muy lejano. Se sabe sola y desprotegida y sin una certeza de lo que será de ella mañana en una ciudad que desconoce.

Pedro: ¿Tuviste miedo de decirle la verdad a tu mamá?

Maribel: Sí, mucho miedo. No sentí valor porque sé que ella iba a sufrir mucho si yo le decía que me venía. Tampoco me despedí de ninguno de mis hermanos, de nadie.

Pedro: ¿Qué sabes de tu mamá, de tus hijos?

Maribel: Pues le he hablado a una hermana y dice que está muy triste que piensa mucho en mí, y que le ha dicho que si llego a hablar que me diga que me regresara, que es mejor estar pobres pero con mis hijos. También tiene miedo que no regrese que a lo mejor ya no nos volveremos a ver, y si regreso, pues dice que cuando menos podemos estar juntos de nuevo.

Pedro: ¿Pero tú no quieres regresar?

Maribel: No, yo estoy decidida. Quiero trabajar en Estados Unidos o acá en México. Ya sufrí mucho para llegar hasta donde estoy y sé que voy a salir adelante y voy a ayudarlos a ellos también.

Pedro: ¿A qué parte de Estados Unidos vas, con quién piensas llegar?

Maribel: No sé, pero creo que voy a encontrar gente que va para allá o voy a encontrar trabajo en algún lado.

Pedro: Pero entonces, ¿no conoces a nadie en Estados Unidos?

Maribel: No.

Pedro: ¿No tienes un destino en Estados Unidos?

Maribel: Bueno, al inicio que salí de Nicaragua sí, estaba mi primo que vive en Miami, pero yo perdí el contacto con él.

Pedro: ¿Quedarte en México es una alternativa para ti?

Maribel: Sí, porque se gana mejor aquí en México que allá en mi país.

Pedro: ¿O sea que si no puedes cruzar a Estados Unidos te quedas aquí en México?

Maribel: Sí, prefiero quedarme acá en México antes de regresar a Nicaragua.

Pedro: ¿Qué tanto has sufrido en México?

Maribel: Uy, mucho, desde que entré la primera vez. Hasta me ha tocado dormir en las calles. Allá en Chiapas unas personas que conocí me invitaban a trabajar en una cantina, me decían que ahí podía ganar mucho dinero, pero yo no quise porque sabía de qué se trataba, sabía que no era nada bueno. Por allá escuché muchas historias de mujeres también de Centro América, que las metían a prostituirse y me dio miedo, mejor me vine. Una vez caminé ocho días por el monte con una pareja que conocí y apenas llegamos a Tuxtla, Gutiérrez y nos agarró la migra y de nuevo nos regresan a Guatemala. Esa vez sufrimos mucha hambre y frío por el camino. Después nos venimos otra vez, pero esta vez no caminamos, nos subimos a una Combi, [camioneta] y nos vuelven a agarrar, y a Guatemala de nuevo.

Pedro: ¿Cuándo decides subirte al tren?

Maribel: Pues yo había escuchado del tren pero tenía miedo por eso quería cruzar caminando o en Combis, pero pues no pude y me cansé de que me agarraran tantas veces. En un centro de detención de inmigración en Chiapas conocí a Alicia y Ana María, y cuando nos deportaron para

Guatemala ellas me platicaron del tren y las tres decidimos venirnos juntas, aunque llegar a Arriaga fue bien difícil, también caminamos mucho y hasta nos correteó la migra. Una vez pasamos por un panteón a media noche, a mi me daba mucho miedo, pero al final llegamos a Arriaga.

Pedro: ¿Qué te pareció el tren cuando lo viste?

Maribel: Pues al principio me dio mucho miedo porque yo no conocía los trenes, yo nunca los había visto ni en televisión. Yo lo vía [sic] y decía, "Pues dónde se sube uno", porque yo no veía donde se subiera la gente, yo sólo veía como unas cajas grandotas pero no me imaginaba cómo se podía uno subir. Si me dio mucho miedo al principio.

Pedro: ¿Así que México ha sido de mucho sufrimiento para ti?

Maribel: Pues la verdad sí. Mucho me ha tocado sufrir por México, pero regresar a Nicaragua como salí, no quiero regresar.

Pedro: Maribel, cuéntame de tu familia, ¿cuántos hermanos tienes?

Maribel: Pues nosotros somos 12 hermanos, pero uno ya murió, lo mataron allá en Nicaragua.

Pedro: Y tu hija ¿por qué vive con tu mamá?

Maribel: Es que desde que nació, mi mamá se quedó con ella para que yo me fuera a trabajar. Ella me la quitó y me mandó a trabajar para mantenerla.

Pedro: ¿A qué edad la tuviste?

Maribel: A los 14.

Pedro: ¿Por qué tan chiquita, te casaste o te fuiste con tu novio a esa edad?

Maribel hace una profunda pausa antes de contestar. Se le humedecen los ojos y pierde su mirada en el horizonte. Juega con sus manos, se entrelaza los dedos y los aprieta. Hiram, mi compañero que operaba la cámara de video con la que grabábamos la entrevista, voltea a verme como preguntando qué pasaba. Yo me hacía la misma pregunta. Maribel regresa su mirada para conmigo y con voz entrecortada me empieza a relatar una historia muy desgarradora. Hiram y yo quedamos helados tras los relatos y la confesión de un secreto que había guardado por muchos años.

Maribel: Yo siempre quería estudiar, era mi sueño, pero estábamos bien pobres y desde muy chiquita tuve que trabajar. Yo trabajaba de sirvienta, más bien, iba a una casa a lavar y planchar ropa cada semana. Una de esas veces, el hijo de la dueña de la casa me violó. Él no era mi novio ni nada. Yo sólo lo veía cada vez que iba a trabajar y a veces me saludaba, pero yo no tenía nada que ver con él.

Pedro: ¿Pero que no había nadie en la casa que te defendiera?

Maribel: No, yo estaba sola trabajando. La señora me había dejado la ropa para que la lavara y la planchara. Él entró y me tomó a la fuerza.

Conforme relata los detalles de esa pesadilla que vivió despierta, sus lágrimas corren por sus mejillas como río que se desborda. Platica a pausas, entre sollozos, respira profundo y luego continúa.

Maribel: Él me amarró de las manos y me tapó la boca para que no gritara. Yo no pude hacer nada. Además era el hijo de la dueña y nadie me iba a creer. Yo sólo lloraba. Después él se salió y cuando terminé mi trabajo me fui a la casa pero no le dije a nadie. Yo tenía mucho miedo.

Pedro: ¿Por qué no le platicaste a tus papás?

Maribel: Tenía mucho miedo y es que mi papá es muy violento y temía que fuera a matarlo y después por mi culpa iba a terminar preso. Sé que mi papá si hubiera hecho algo en contra del muchacho, pero ellos tenían dinero y nosotros éramos bien pobres. Yo sé que a mi papá lo hubieran metido a la cárcel o hasta lo hubieran matado, por eso mejor me callé.

Pedro: ¿Qué pasó después?

Maribel: Pues resulté embarazada de la violación. Mis papás me regañaron mucho pero siempre creyendo que era de algún novio que tenía; nunca les dije la verdad. Lo único que mi mamá me dijo es que tenía que trabajar para mantener a mi bebé. Por eso cuando mi niña nació mi mamá me la quitó y me mandó a trabajar para mantenerla y ayudarlos también a ellos. Yo sí quería tenerla conmigo pero no podía porque tenía que trabajar, además yo estaba muy chiquita. Por eso mi hija siempre ha vivido con mis papás.

Pedro: ¿Nunca le platicaste a nadie de la violación?

Maribel: Sólo un hermano sabía. Él me apoyaba mucho y era muy bueno conmigo, pero a mi hermano luego lo mataron y después de él nadie más lo supo.

Pedro: ¿Qué pasó con el tipo que te violó?

Maribel: Pues él luego se dio cuenta que yo había tenido una niña y quería verla, pero yo nunca lo dejé. Luego a él lo mataron en un pleito que tuvo.

Pedro: ¿Sobre el papá de tu hijo, cuál es la historia?

Maribel: Pues con él yo sí estaba enamorada, pero él no me trataba muy bien. A veces me golpeaba y me decía muchas cosas muy feas, también por eso lo dejé.

Maribel encontró un trabajo en Nogales que le ayudaría a juntar el dinero que necesitaba para intentar cruzar a Estado Unidos, pero al poco tiempo se consiguió un novio y se enamoró; los planes de continuar su aventura a Estados Unidos quedaron atrás. Prefirió quedarse a vivir con él y trabajar en México.

Su nuevo empleo en una tienda de ropa en un centro comercial de esa ciudad le pagaba cerca de 100 dólares a la semana, cinco veces más de los 20 dólares semanales que ganaba en su país. Su nuevo trabajo le permitía enviar dinero con frecuencia a sus hijos y a sus padres.

Al poco tiempo de salir de Nicaragua, sus padres fueron por el niño que estaba con la abuela paterna porque no se acostumbró a estar con ella, además Maribel se enteró que no le trataban bien a su hijo.

Por los próximos tres años Maribel vivió en Nogales con su nueva pareja. Durante ese tiempo ambos viajaron una vez a visitar a sus hijos a Nicaragua. De regreso, atravesó México nuevamente como indocumentada, pero esta vez su novio la cruzó en auto desde Chiapas y no tuvieron problema alguno para llegar a Nogales.

La última vez que traté de localizarla ya no la encontré. La relación entre ella y su novio no funcionó después de tres años y decidió regresar a su país con sus hijos. Actualmente continúa viviendo con ellos y su familia en Estelí, Nicaragua, su ciudad natal.

"He llorado de vergüenza al pedir dinero en las calles para comer"

Guiro Jiménez | Edad: 24 años
País de origen: Nicaragua
Destino: Houston, Texas
Primer viaje en *la bestia*

Cuando conocí a Guiro Jiménez, de inmediato me di cuenta que era muy diferente a sus compañeros con los que viajaba y a todos los demás migrantes centroamericanos que hasta ese día había conocido en mi travesía por México. Su manera de hablar y su comportamiento ante sus mismos camaradas de aventura lo distanciaban de todos.

Desde un principio se mostró amable conmigo e Hiram, mi cómplice en este viaje, pero al mismo tiempo marcaba una distancia. Me pareció que se sentía incomodo en el ambiente que estaba, que quizás ocultaba algo o no alcanzaba a digerir lo que la vida le daba en esos momentos. Mi intriga creció conforme más lo observaba pero decidí respetar su espacio, pensando que más adelante encontraría una oportunidad de averiguar quién era o qué escondía.

Efectivamente, dos días más tarde y ya en otra ciudad, se aclaró el misterio, y vaya la sorpresa que me llevé. Después de conocer su historia, me pregunté a mí mismo, qué hubiera hecho yo en su lugar, y si hubiera tenido el valor, el coraje o la humildad para hacer lo que estaba haciendo este joven nicaragüense. Aún no encuentro la respuesta.

La primera vez que vi a Guiro fue a la entrada de la tienda de abarrotes "La Pasadita", que está a un costado del comedor para migrantes en Medias Aguas, Veracruz. Estaba con tres amigos de El Salvador que conoció en Chiapas hacía menos de una semana. Los cuatro jóvenes centroamericanos esperaban que el lugar abriera sus puertas para que les dieran algo de comer, pues ya no tenían dinero ni comida y llevaban día y medio sin probar alimento alguno.

El comedor para migrantes de Medias Aguas, a diferencia de los otros albergues a donde llegan los migrantes en Oaxaca y Chiapas, no es para pernoctar o bañarse, sólo se otorgan alimentos, después, el lugar cierra las puertas hasta la siguiente hora de comida.

Medias Aguas, Veracruz es un punto clave para el migrante centroamericano que va a Estados Unidos. Por ahí pasan todos los trenes que vienen de la zona fronteriza entre México y Guatemala y que van al norte. El problema es que los trenes pasan a medio kilómetro fuera del pueblo y hay que acampar a monte abierto o dormir a la orilla de las vías para esperarlos. Aquí nunca se sabe cuándo pasará; como puede llegar en dos horas, se puede tardar un par de días.

Sin embargo, hay otros retos más grandes que enfrentan los migrantes de paso por México en Medias Aguas, Veracruz, por ejemplo: subirse al tren en marcha, porque aquí los trenes que van hacia el norte no paran. Los migrantes tienen que esperar a que baje la velocidad en una curva para poder montarlo. Quien no lo logra al primer intento, le toca esperar hasta que llegue otro, y eso puede tomar nuevamente varios días.

El problema con intentar montar la llamada *bestia* en plena marcha es que las posibilidades de tener accidentes son más altas, peor aún para las mujeres y las personas con condiciones físicas desfavorables. Muchos migrantes han perdido la vida en este lugar o han quedado confinados a una cama o una silla de ruedas al haber caído entre las mortíferas "patas de acero" de la tan temible *bestia*.

Aparte de encarar esos retos, los migrantes centroamericanos que llegan a Medias Aguas enfrentan también un sinnúmero de depredadores humanos. Asaltantes, violadores sexuales, secuestradores, miembros del crimen organizado o los cárteles de la mafia y, en última instancia, hasta las mismas autoridades, quienes aprovechan lo aislados y desprotegidos que están en ese lugar para hacer de las suyas.

Guiro y sus amigos llegaron a Medias Aguas al despuntar la mañana de ese día. Su odisea en tren inició en Arriaga, Chiapas, hacía un poco más de 24 horas. Ese primer tren de Arriaga los dejó en Ixtepec, Oaxaca, a media noche, pero tuvieron suerte de encontrar otro tren que salió de inmediato rumbo a Medias Aguas.

Los cuatro migrantes centroamericanos estaban cansados y con hambre, pero felices de haber llegado. El trayecto a este sitio estuvo acompañado de lluvia, viento y frío y, por si fuera poco, varios asaltantes subieron al tren y los despojaron hasta de los zapatos. En Medias Aguas tenían ya parte del día esperando otro tren que los llevara a Tierra Blanca, Veracruz, la siguiente parada en su arriesgado camino al norte.

Guiro era amable al contestar mis preguntas y tenía facilidad de palabra, pero se veía algo nervioso. En ocasiones me parecía que intentaba ocultar el rostro con su cachucha, volteando continuamente hacia el suelo. Vestía pantalón de mezclilla azul claro, un suéter azul marino y una camiseta de color rojo que sobresalía del suéter a la altura del cuello. Tenía puesta una cachucha o gorra bastante desgastada de un color rosa deslavado con el logo del diseñador Tommy Hilfiger en el centro.

El resto de sus compañeros vestían con prendas muy similares: pantalón de mezclilla, sudaderas o suéteres y chamarras de colores no muy claros. Alguien les había dicho que la ropa oscura se ensuciaba menos en el camino. Todos cargaban una mochila en la espalda, la de Guiro era de color verde.

Ahí fue la primera vez que platiqué con él, aunque no se prestó para que averiguara su verdadera identidad y por qué era tan diferente al resto. Lo elegí para entrevistarlo porque manifestaba más elocuencia en sus palabras. Su vocabulario fluido y preciso era muy diferente al de los otros migrantes, y aunque parecía evitar la charla, y aún más al tener la cámara de video frente a él, su cortesía y educación sobresalía ante todo.

Así, el enigmático personaje y yo empezamos una charla.

Pedro: ¿Guiro, cómo va el viaje hasta ahora?

Guiro: Pues no muy bien, para que le miento.

Pedro: ¿Qué ha pasado?

Guiro: Creo que las autoridades de este país no debían de corretearnos como lo hacen porque nos forzan a correr al monte, y ahí los ladrones aprovechan para robarnos y en ocasiones a las pobres mujeres hasta las violan. No es justo que nos persigan como animales, sobre todo la policía porque es muy corrupta, ellos se prestan al juego de los rateros. Muchas veces son ellos mismos los que nos quitan el dinero. Nos dicen, "me entregas el dinero que tengas o te entrego a inmigración". Creo que a todos nos pasa desde que entramos a Chiapas.

Pedro: Cuéntame del viaje de la primera vez que te subiste al tren en Arriaga, ¿cómo te fue?

Guiro: Veníamos de Arriaga a Ixtepec y en el tren nos asaltaron. No sé si se subieron los ladrones en el camino, porque el tren paró varias veces, o ya venían arriba desde que salimos de Arriaga, el caso es que nos robaron a todos. A mí me quitaron la camisa, me quitaron un reloj que andaba, mire, sólo la marca me quedó en la mano donde lo traía. Pero lo peor fue que hasta los zapatos me quitaron; estos que ando me los dio otro muchacho que me vio descalzo después del asalto.

Pedro: ¿Cuánto te robaron?

Guiro: Pues no mucho, pero traía algo de dinero que había pedido en las calles de Arriaga; me bolsearon y me quitaron todo. Pero imagínate, mucha gente no traía [dinero] y esas personas se lanzaron al monte a media noche, no sé qué pasaría con ellos.

Pedro: ¿Eran hombres los que se lanzaron del tren?

Guiro: Hombres y mujeres, había de todo. Nomás se oía que caían o se golpeaban contra las ramas, y es que si no se tiraban y no tenían dinero, los asaltantes hasta los podían matar.

Pedro: ¿Cuántos asaltantes eran?

Guiro: Eran cuatro y andaban machetes y pistolas. A los que no andaban dinero los golpearon. Me tocó ver que a un señor lo golpearon con un machete, no sé si lo cortaron o no porque estaba oscuro y no se veía muy bien, pero si lo golpearon, nada más por no tener dinero. Por eso muchos mejor se lanzaron del tren sin importarles nada.

Pedro: ¿Se supo qué pasó con esos que brincaron?

Guiro: La verdad no sé, porque nosotros continuamos y los que se lanzaron ahí quedaron, quién sabe qué haya pasado con ellos. Ojalá hayan sobrevivido, sino, de seguro por ahí quedaran varios en el camino, a medio monte.

Para este joven nicaragüense de 24 años de edad, su travesía por México era como un amargo despertar. Nunca antes había considerado viajar a Estados Unidos y menos de esta manera. Había estado fuera de su país sólo en dos ocasiones pero en circunstancias muy diferentes. Una vez fue a Costa Rica y la otra a España, donde vivió dos años. Pero la situación económica por la que estaba pasando lo forzó a tomar este camino.

Le habían dicho que en el país de los "gringos" el trabajo abundaba y el dinero se ganaba fácil, aunque para llegar había que atravesar México, y una vez cruzando, la vida le cambiaría y por consiguiente la de su familia. Lo que a Guiro nadie le dijo fue lo difícil que sería cruzar el país del tequila y los mariachis, ni el precio tan alto que tenía que pagar para lograrlo.

Los sacrificios y esfuerzos de varios años en su joven vida lo habían preparado para enfrentar cosas muy diferentes, pero no para viajar como pajarraco en los trenes de carga mexicanos y apostar la vida entre asaltantes y secuestradores a cada segundo. Para esto no lo prepararon en la escuela.

Su semblante de timidez y pena que había mostrado desde un principio se transformó en coraje y frustración; quizás le hacía bien desahogarse de los abusos y violaciones que había visto y los que había vivido en una semana que llevaba en México. Lo que más le indignaba fue que lo hayan dejado hasta sin zapatos arriba del tren y que los empleados del ferrocarril también los extorsionen.

Cargado de emoción y con sed de desahogo, el ciudadano de Nicaragua y ahora migrante víctima prosiguió su relato.

Guiro: Pero aparte de los ladrones que se subieron a asaltarnos, el tren paró a medio monte y el maquinista o los garroteros, no sé quiénes eran, sólo sé que eran los encargados del tren, pasaron por todos los vagones pidiendo dinero, aunque ellos usan la palabra "cooperar".

Pedro: ¿Cómo andaban vestidos?

Guiro: Tenían trajes o uniformes verdes con una línea amarilla a la altura del pecho.

Pedro: ¿Cuántos eran?

Guiro: No sé, pero al vagón donde yo iba llegaron dos. Nos tocó cooperar con 20 o 50 pesos, o lo que uno traiga, para que nos dejen continuar arriba del tren, porque ellos te dicen, "si no cooperas te bajamos".

Pedro: ¿De Ixtepec a Medias Aguas también hubo asaltantes?

Guiro: No, de ahí para acá no, pero estaba lloviendo y haciendo frío. Ese tren venía a una velocidad alta; la verdad fue muy duro.

Pedro: ¿Cuánto tiempo llevan sin comer?

Guiro: Pues ya como día y medio.

Los cuatro aspirantes a nuevos inmigrantes indocumentados en Estados Unidos se quedaron sentados bajo el porche de la tienda de abarrotes "La Pasadita". El comedor para migrantes estaba cerrado y, según les dijeron en la tienda, ya no abriría el resto del día, pero alguien les regalo café y con los últimos 40 pesos que entre todos completaron, compraron galletas. Esa sería su comida para el resto del día.

Hiram y yo continuamos el camino al lugar de donde venían Guiro y sus amigos cuando los encontramos a la orilla de las vías donde se aglomeran los migrantes a esperar el tren que va hacia el norte. Conforme nos aproximábamos nos sorprendía cada vez más el escenario que teníamos frente a nosotros.

Cientos de migrantes estaban ahí sentados o parados en pequeños grupos a lo largo de las vías o debajo de matorrales y arbustos. Otros tenían fogatas porque la tarde estaba fría. Era obvia la superioridad en número de hombres presentes aunque también se dejaban ver muchas mujeres. Algunos migrantes se volteaban porque no querían ser filmados, otros hacían señas típicas de pandilleros con los dedos al ver la cámara de grabación.

Algunas mujeres se cubrían la cabeza con toallas o frazadas que llevaban para evitar ser filmadas, pero la mayoría nos saludaban gustosos y no les importaba que los filmáramos. Ahí encontramos a algunos migrantes que habíamos conocido en Arriaga varios días antes.

Ese día estuvimos hasta entrada la noche platicando con los migrantes a la orilla de las vías. Ya de madrugada pasó un tren; muchos lograron subirse pero la mayoría no tuvo la misma suerte. Estaba muy oscuro y los riesgos de subirse a un tren en marcha bajo esas condiciones se pueden pagar con la vida. Los que se quedaron, prefirieron esperar a que pasara otro ya con la luz del sol.

A Guiro y a sus amigos no los volvería a ver hasta dos días después en Tierra Blanca, Veracruz. Cuando los encontramos de nuevo, estaban durmiendo debajo de unos vagones parados en los patios de la estación ferroviaria de esa ciudad. El día apenas empezaba, serían alrededor de las diez de la mañana, pero los fuertes rayos del sol ya golpeaban con intensidad.

Con ellos estaban otros migrantes que no habíamos visto y a quienes conocieron en el camino entre Medias Aguas y Tierra Blanca. Guiro no estaba con ellos.

Nos contaron que aquella noche en Medias Aguas también los dejó el tren. Fue hasta el día siguiente que se montaron a otro. Los asaltos, las extorsiones de maquinistas y el mal clima habían quedado atrás, cuando menos en este último recorrido. Habían llegado de Medias Aguas a Tierra Blanca sin incidente alguno, sólo cansados y con hambre.

La tarde del día que llegaron a Tierra Blanca la aprovecharon para bañarse en un río cercano y para lavar la ropa. Algunas prendas aún estaban mojadas y las tenían tendidas para secarse en los vagones y sobre las vías ferroviarias.

Me llamó la atención no ver a Guiro entre ellos y les pregunté qué había pasado con él. Uno de sus amigos me indicó señalando con la mano hacia donde estaba sentado el joven nicaragüense. Guiro se encontraba solo, sentado junto a un vagón del tren, no muy lejos pero fuera de mi vista. Se veía muy concentrado leyendo un libro que a la distancia parecía tener la portada negra.

Me separé del grupo y me dirigí con él. Lo saludé al llegar y me contestó de manera amable y con una sonrisa en sus labios mientras cerraba su libro. Intentó levantarse del suelo donde se encontraba para darme la mano pero le dije que no se moviera, que sería yo quien se sentaría junto a él.

De alguna manera buscaba hacerlo sentir cómodo, pues quería descubrir ese halo de misterio que vi en él desde el día que lo conocí. Recosté mi cámara en el suelo y empezamos a platicar. No tardé mucho para encontrar la otra cara de este joven que parecía sufrir más con la parte interna de su ser que con el dolor físico externo al que se estaba enfrentando en esa travesía por México.

Guiro es, sin duda, una de las personas más cultas, humildes y educadas que seguramente han cruzado México montando el llamado "tren de la muerte", cuando menos de las personas que yo conocí en los dos viajes que hice cruzando México para filmar mi documental *La bestia*.

La plática que en algún punto del difícil recorrido se interrumpió dos días atrás, se reanudó animadamente cerca de un vagón de ese tren estacionado.

Pedro: Hola Guiro, ¿cómo estás? Te veo muy metido en la lectura, ¿qué lees?

Guiro: Hola, qué gusto verlo de nuevo por acá. Pues aquí, mire, leyendo La Biblia.

Pedro: Ah, ¿vas cargando también con La Biblia?

Guiro: Si, claro. Pues es que Dios es el único que nos acompaña en este camino. Mire cómo es la vida, sólo cuando nos encontramos en situaciones como estas es cuando más nos acordamos de Dios. Pero aparte a mí me gusta distraer mi mente y no estar pensando sólo en lo que nos puede pasar.

Pedro: ¿También te gusta orar?

Guiro: Si. En varias ocasiones me ha tocado hacerlo junto con mis compañeros de viaje.

Pedro: ¿Ellos también oran?

Guiro: Pues no mucho pero yo a veces los arrimo, hacemos un grupito y nos ponemos a orar. Yo sé que cuando ellos me escuchan están reflexionando, están meditando, y seguramente analizan lo que van viviendo y hasta las cosas que hayan hecho mal. En este camino uno reflexiona demasiado. Señor Pedro, este mundo es de inmigrantes, todos alguna vez hemos emigrado, hasta Jesucristo emigró. Él emigró para predicar la Palabra; nosotros emigramos para darle una mejor vida a nuestras familias.

Me sentía impresionado por la humildad y sabiduría que derrochaba este joven de apariencia humilde pero de palabras sabias y profundas. Guiro era de tez morena y no rebasaba el metro setenta centímetros de estatura. La piel en su rostro se apreciaba tosca, como que el acné en su adolescencia le dejó estragos para el resto de su vida.

Esa mañana junto a las vías, aun vestía el pantalón de mezclilla azul con que lo conocí en Medias Aguas, y los tenis negros malgastados que le dio otro migrante la noche que los asaltantes le robaron sus zapatos en el tren. Debido a lo fuerte del sol de esa mañana, Guiro se había removido el suéter azul marino que llevaba puesto dos días antes, ahora sólo vestía la camiseta roja que le sobresalía a la altura del cuello cuando lo vi por vez primera. Me llamó la atención porque era una playera con el escudo de los llamados "Diablos Rojos", o Red Devils, el equipo de futbol Manchester United de Inglaterra.

"Aquí en este camino descubrimos el verdadero amor al prójimo", dijo Guiro contundente mientras miraba hacia donde estaban sus amigos y cuatro migrantes más que se habían unido a ellos. No supe si se refería a sus compañeros de viaje, o a muchos otros migrantes que estaban en la dirección que él miraba, y es que se apreciaban siluetas de hombres y mujeres sentados debajo de los vagones protegiéndose del sol, o pies de centroamericanos que se estiraban hacia afuera de las vías que intentaban descansar arropados por la sombra de los vagones.

Guiro: La inmigración siempre va a existir. Mientras los gobiernos de nuestros países no busquen una verdadera estabilidad económica y nos ofrezcan mejores alternativas de vida, las cosas no van a cambiar, porque ahorita trabajamos sólo para comer pero no podemos comprar nada más.

Pedro: ¿A qué parte de Estados Unidos vas?

Guiro: A Houston.

Pedro: ¿Tienes familiares allá?

Guiro: No, de hecho no conozco a nadie, voy a la aventura. Pensé que en el camino podría conocer a alguien o llegar allá y buscar trabajo, en lo que sea. Sé que me puede salir una oportunidad.

Pedro: ¿A quién dejaste en Nicaragua?

Guiro: A mi esposa y a mi hija de cinco años. Por ellas ando acá. Por ellas me estoy arriesgando la vida. Mi sueño es comprarles una casa.

Desde que nos casamos, siempre la hemos pasado rentando, mi esposa y yo ya estamos cansados de eso. Con lo que uno gana en Nicaragua apenas ajusta para pagar renta y a veces ni eso. También quiero que mi hija estudie, que tenga una preparación en la vida. Estoy pensando en su futuro, en sus estudios pero si me quedo en Nicaragua nada de eso le puedo dar. Sé que un día me voy a morir y me gustaría que cuando menos mi esposa y mi hija tengan su propia casa, que las pueda dejar en un hogar donde no tengan que preocuparse de volver a pagar renta y más importante, que nadie me las llegue a humillar.

Pedro: ¿Qué tan difícil fue dejar a tu familia?

Guiro: Muy difícil, pero uno sale con la esperanza de que el sacrificio valdrá la pena. Mi esposa entendió y me apoyó en la decisión que tomé. Pero fue difícil sobre todo porque salí sin dinero, sólo tenía 300 Córdobas, unos 20 dólares. Con eso salí de mi país y de ahí a puro pedir y pedir en las calles.

Pedro: ¿Cuál ha sido la parte más difícil del viaje, los asaltos acaso?

Guiro: Pues la verdad lo más difícil hasta ahora ha sido pedir dinero en las calles o ir a tocar puertas para pedir algo de comer. Me ha tocado hasta llorar de tristeza y vergüenza, porque yo tengo estudios, fui a la universidad, hice una carrera de ciencias de la computación. Me maté estudiando, hice tantos sacrificios para sacar mi carrera adelante, para terminar pidiendo dinero en las calles de México, ¿sabe lo vergonzoso que es eso? Pero al mismo tiempo me acuerdo de mi familia y las necesidades que tenemos y pues eso es lo que me impulsa a seguir.

Sus palabras surgían de la boca pero Guiro hablaba con el corazón. Hacía pequeñas pausas pero no quería interrumpirlo, pensé que le haría bien desahogarse. No le pregunté si había hablado con sus compañeros de esto, pero a juzgar como desechaba su frustración y su vergüenza, debía ser la primera vez que compartía estos detalles de su vida privada con alguien durante ese viaje.

Pedro: ¿No hay trabajos para profesionistas como tú en tu país?

Guiro: No hay. Me cansé de buscar. Pensé que terminando mis estudios las cosas serian diferentes, pero luego te das cuentas que nada cambia. Creo que hay más gente con carreras universitarias en Nicaragua que trabajos disponibles. Yo tengo visa española y pensé irme para allá porque ya viví en España dos años, incluso parte de mis estudios los hice allá, pero la embajada de ese país no me dio el permiso porque no pude demostrar buena solvencia económica. Ellos quieren que uno tenga dinero en el banco, que compruebe que va de vacaciones y no a quedarse a trabajar.

Pedro: ¿Cómo fue la primera vez que te tocó pedir dinero en las calles de México?

Guiro: Pues fue el hambre. Esa primera vez tenía mucha hambre, no había comido por varios días. Me arrimé a unas casas y primero les pedí disculpas porque soy una persona adulta y no debo pedir dinero. Les dije que si tenían algún trabajo, que hacía cualquier cosa por algo de comida. Yo no quería que me regalaran nada, quería ganarme el bocado que me dieran. En algunos lugares si me daban algo de trabajo y me daban de comer y unos centavitos; ya me sentía mejor porque me los ganaba, pero otros no me ayudaban con nada. Ahora que vengo en grupo, nos coordinamos para ir a pedir a las casas o a la calle. ¿Sabe?, cuando estoy en la calle pidiendo, me siento como pordiosero, como un verdadero mendigo y moralmente me siento muy mal, aunque poco a poco me he ido acostumbrando a pedir y a sobrellevar la vergüenza que siento al hacerlo.

Pedro: ¿Sabe tu familia del sufrimiento que llevas?

Guiro: No, ni quiero que se enteren, de hecho ni he podido hablar con ellos porque no he conseguido suficiente dinero para comprar una tarjeta y llamarles, apenas si consigo para comer. Quizás algún día les platique pero por ahora no quiero que tengan ni idea porque sé que los voy a lastimar mucho.

Después esa profunda charla y conmovedoras revelaciones de Guiro, me retiré a platicar con el resto de sus amigos. Ahora entendía el porqué de la elocuencia en su hablar, su reservada actitud y la mirada triste y avergonzada que le veía desde el día que lo conocí: era un joven estudiado, licenciado en ciencias de la computación, mezclado entre migrantes sin educación superior.

Guiro abrió de nuevo su Biblia. Lo vi sentado leyendo en el mismo lugar por lo menos media hora más. Hiram y yo abandonamos al grupito de migrantes y nos fuimos a buscar a otros centroamericanos que estábamos siguiendo porque eran parte del documental. Más tarde, Hiram y yo encontramos a Guiro, sus amigos y a por lo menos ocho migrantes con quienes ya habían hecho amistad. Estaban sentados sobre unos troncos de árbol tirados a un lado de las vías donde se junta la mayoría de migrantes centroamericanos en Tierra Blanca que esperan la salida de un tren con rumbo al norte.

El nutrido grupo de viajeros por México se repartía en diminutos pedazos unas tortillas que alguien les había regalado. Dijeron que era lo único que tenían para comer ese día.

La escena que tenía frente a mi me partió el corazón. Saqué 200 pesos mexicanos, unos 20 dólares estadounidenses, y les dije que a una cuadra de retirado estaba una tienda donde vendían pollos rostizados y una tortillería, que alguien fuera a comprar para que todos comieran. Guiro se levantó de inmediato y se ofreció a ir, y otro de sus amigos lo acompañó. Veinte minutos después, Guiro y su amigo regresaron con dos pollos rostizados, tortillas recién hechas, unas sodas Fanta de dos litros de diferentes sabores, y chiles jalapeños en latas.

Verlos comer esos pollos como suculentos manjares, con la alegría en sus rostros y escuchar las charras y chascarrillos que contaban mientras comían fue tan placentero como seguramente fueron para ellos los pollos que degustaban. Sin embargo, lo que más me conmovió fue una acción de Guiro. Después regresar con la comida, se arrimó a mí y me regresó 18 pesos que le habían sobrado de los 200 que le di para que comprara la comida. Su honestidad me partió de nuevo el corazón.

En ese camino y bajo esas circunstancias y sin un solo peso en la bolsa, cualquiera se habría quedado con el cambio, pero no Guiro. Sus principios y honestidad no le permitieron. Le dije que se quedara con ellos y le di 25 pesos más que traía sueltos en el bolsillo. Me miró a los ojos y me dijo, "Gracias". Creo que no pudo decir nada más, sus ojos se habían humedecido. Yo tampoco supe qué decir, la honestidad de ese muchacho me había conmovido. Hasta el día de hoy tengo clavada en mi mente su mirada y su rostro de eterno agradecimiento.

A la mañana siguiente me enteré que Guiro y sus amigos tomaron un tren al despuntar el sol. Nunca más volví a saber de él ni de sus compañeros de viaje.

Seis meses después de esa suculenta comida de pollos rostizados con tortillas y jalapeños enlatados a la orilla de las vías del tren en Tierra Blanca, Veracruz, México, recibí una llamada a mi teléfono celular. Yo estaba en mi apartamento en Nueva York. La persona al otro lado del teléfono preguntó por mí, cuando me identifiqué, me dijo que él era Kevin, "el Gordo", que él fue quien me había platicado cómo los asaltantes le metieron una pistola en la boca y le pedían que la mordiera para que se diera cuenta que se trataba de una arma de verdad. Lo recordaba perfectamente porque la anécdota se había convertido en broma y motivo de buenas carcajadas entre sus compañeros de viaje, quienes le decían que contara la verdad, que los ladrones de los trenes le metieron otra cosa que no fue el cañón de la pistola.

"El Gordo", como le apodaron sus amigos, era parte del grupo de migrantes a quienes les había comprado los pollos rostizados aquel día soleado de noviembre a la orilla de las vías. Este joven robusto, de cabello rizado y no más de 23 años de edad, era originario de Honduras. Me dijo que había llegado a Estados Unidos un mes después de la última vez que nos vimos y que ya estaba trabajando en Nueva Orleáns, Luisiana. Me comentó que tres más de los compañeros que viajaban en su grupo también cruzaron a Estados Unidos sin problema alguno.

Este joven hondureño consiguió mi número de teléfono con uno de sus amigos que había guardado la tarjeta de presentación que yo repartía a muchos migrantes para que me llamaran y me contaran cómo había terminado su odisea y si habían llegado o no. Lo que a continuación escuche de Kevin lo recordaré hasta el día que de mi último suspiro en esta vida. Sus palabras me tumbaron sin fuerzas en el sillón y no supe qué decir.

"Señor Pedro, sólo le llamo para darle las gracias por los pollos y las tortillas que nos compró aquel día en Tierra Blanca; hacía varios días que no comíamos, no sabe lo que eso fue para nosotros. Siempre le estaremos agradecidos".

Tengo que aceptar que se me rodaron las lágrimas y se me congelaron las palabras. Cuando colgamos, y aún tirado sobre el sillón, pensé que sólo por esa llamada mi viaje, mis propios sufrimientos y hasta la deuda que había adquirido para financiar el documental de *La bestia*, habían valido la pena.

La acción de Kevin me confirmó algo siempre he sabido: la gran mayoría de inmigrantes indocumentados latinoamericanos que llegan a la Unión Americana, son personas agradecidas, humildes de corazón, de buena moral y muy altos principios y que vienen a Estados Unidos a contribuir en su grandeza, haciendo los trabajos sucios y mal pagados que nadie quiere realizar. Ellos sólo quieren trabajar para ofrecerle una mejor vida a su familia, buscan la oportunidad que su propio país les niega aunque para encontrarla tengan que humillarse a lo largo de su travesía para alcanzar sus metas. Se enfrentan a cualquier tipo de sufrimientos y con mucha frecuencia sus derechos más elementales como seres humanos son atropellados con violencia y sin piedad. Peor aún, en ese deambular por México en búsqueda del popular "sueño americano", con mucha frecuencia, también dejan sus vidas en el camino.

En la última visita que hiciera al sur de México en julio de 2011, me enteré que el comedor para migrantes de Medias Aguas, Veracruz, donde conocí a Guiro y sus amigos, había cerrado sus puertas. La fuerte actividad criminal, principalmente de "Los Zetas" en esa zona, y los constantes secuestros a migrantes en el área, se dice que intimidaron a los encargados del comedor y decidieron cerrarlo para evitar problemas y caer víctimas de la agravante violencia que ha golpeado al estado de Veracruz, especialmente en los últimos dos años, el 2010 y 2011.

"Ese tren es un demonio..."

José C. Alemán Guardado
País de origen: Honduras
Destino: Los Ángeles, California
Segundo viaje en *la bestia*

Habían pasado tres días sin que saliera el tren de Arriaga, Chiapas y ya se habían reunido por lo menos 700 migrantes centroamericanos en esa ciudad, por eso cuando el ferrocarril empezó a enganchar vagones muchos de los migrantes comenzaron a gritar de júbilo; sabían que finalmente iniciarían su recorrido en la llamada *bestia*, rumbo a la frontera norte. La verdadera aventura por México estaba a punto de empezar.

Para algunos migrantes sería el inicio de un futuro prometedor que les aguardaba en el llamado país de las oportunidades; para otros sería quizás el principio de una horrorosa pesadilla, o el final de sus propias vidas. José Carlos Alemán Guardado, originario de Honduras, estaba entre los cientos de migrantes que en esos momentos se subían al tren, pero a él la llamada *bestia* ya lo había marcado para siempre en un viaje anterior. Sin embargo, estaba dispuesto a desafiarla de nuevo y jugarse la vida una vez más.

En esos momentos, pocos migrantes pensaban en los riesgos o peligros que se corren en el tren y a lo largo de la travesía por México. Parecía que los consejos o las historias de horror que habían escuchado sobre los trenes de carga mexicanos, se les habían borrado en esos instantes. La mayoría de los migrantes de inmediato empezaron a subirse a las planchas y a los techos de los vagones. Entre ellos ese hombre que aparentaba tener unos 45 años de edad, y a quien se le dificultaba subir porque le faltaba una mano.

Emocionados, los migrantes silbaban o gritaban. Algunos que ya habían logrado subir hasta la parte más alta del ferrocarril buscaban a sus amigos y les hacían señas con las manos para que subieran a donde ellos estaban, otros ayudaban a subir a las mujeres para que encontraran un lugar donde pudieran viajar por lo menos sentadas, pues el recorrido a Ixtepec, Oaxaca, la siguiente parada del tren, tomaría unas 12 horas de viaje.

Parecía un día de fiesta a lo largo de las vías ferroviarias en esa pequeña ciudad del norte de Chiapas. Las emociones estaban desbordadas entre los migrantes. Y no era para menos; a muchos les había tomado varios días e incluso semanas llegar desde su país de origen a la frontera con México y una vez que habían entrado a ese país, les había tocado caminar cerca de 300 kilómetros para llegar a Arriaga. Esta era la primera vez que oían rugir *la bestia* y la primera ocasión que muchos se subirían a ella. El recorrido por México estaba a punto de iniciar.

Me arrimé a unos vagones que eran empujados por una locomotora a muy baja velocidad, para ser enganchados con decenas de vagones más que estaban parados a lo largo de las vías, donde cientos de migrantes iban ya arriba del tren y otros aprovechaban la baja velocidad para montarse en él.

Me acerqué porque me llamó la atención un hombre con un vendaje blanco en gran parte de su brazo izquierdo. Era de tez morena y no más alto de un metro 65 centímetros. Tenía barba canosa tipo candado y un bigote negro muy poblado. Su rostro mostraba señas palpables de una vida muy sufrida. Su mirada era triste y sus ojos estaban parcialmente cubiertos de carnosidad, indicio de algún padecimiento.

Pero lo que más me llamó la atención de este centroamericano de aspecto triste, no fue ninguna de esas características, ni tampoco la pequeña maleta de color rojo que llevaba colgada al hombro, a diferencia del resto de los migrantes que tenían mochilas en la espalda. Él sobresalía entre los demás porque le faltaba su mano izquierda —la tenía amputada a la altura de la muñeca— y porque las vendas blancas que le llegaban un poco más arriba del codo hacían suponer que parte de su brazo también estaba lesionado.

José Carlos Alemán Guardado vestía un pantalón azul de mezclilla, playera blanca con tenues franjas azules y una cachucha también de color blanco. Intentaba subir al tren por una pequeña escalera que permite acceder directo a las planchas de los vagones, pero la falta de su mano izquierda le dificultaba sostenerse para poder hacerlo.

Me acerqué a él para filmarlo como parte de mi documental mientras intentaba subir y de inmediato empecé a hacerle algunas preguntas. Tuve miedo que el tren se fuera rápido y que quizás no lo volviera a encontrar. Para cuando comencé a cuestionarlo yo ya me había subido hasta la mitad de la escalera, mientras, el tren seguía rodando a baja velocidad. Desde que lo vi, me imaginé que la mano que le faltaba se la había cortado el tren, y el vendaje me indicaba que podría haber ocurrido recientemente.

Pedro: ¿Perdió su mano en los trenes?

José: Así es.

Pedro: ¿Cuándo fue eso?

José: Ya traigo casi cuatro años que la perdí.

Pedro: ¿En dónde?

José: Allá, llegando a lo que es Apizaco [137 kilómetros al suroeste de la ciudad de México].

Pedro: ¿Lo agarró el tren?

José: Sí, me agarró. O sea, me dormí y me caí para abajo. Y entonces ya que me agarró la mano quiero sacarle provecho para ver si llego a Estados Unidos y me pongo la prótesis.

Pedro: ¿Es la primera vez que usted va desde que lo agarró el tren?

José: Ajá. Es la primera vez desde que me agarró. Después que perdí la mano es la primera vez.

Pedro: ¿A dónde va?

José: A Los Ángeles.

José había logrado subirse a *la bestia* y se sentó al medio de la plancha. Puso sobre la plataforma del tren la mochila desgastada de color rojo que llevaba colgada sobre su hombro. Por lo menos quince migrantes más estaban sentados o parados en ese mismo lugar, otros subían a los techos por la escalera ubicada en la esquina del vagón.

Estaba a punto de hacerle otra pregunta cuando se escuchó un severo estruendo que nos dejó aturdidos. La locomotora que empujaba los vagones donde me había subido a platicar con José había enganchado los otros vagones parados. Uno de los migrantes sentados en el techo de los vagones que iban a ser enganchados pegó un grito de advertencia, pero no hubo tiempo de reaccionar cuando escuchamos el sonido de los carros ferroviarios uniéndose unos a otros.

Yo me encontraba de espaldas a los vagones que serían enganchados, afortunadamente para mí, estaba bien sostenido con mis piernas y recargado a la escalera que sube al techo, sino, hubiera podido caer entre las vías por la sacudida que dieron los vagones al pegarse.

La enganchada de esos vagones desató nuevamente los gritos de alegría de varios migrantes. Eran los últimos carros del tren, como mucha gente también los llaman, que le faltaba a la locomotora enganchar, después de eso sería cuestión de minutos para que *la bestia* emprendiera su camino al norte. La próxima parada sería en Ixtepec, Oaxaca.

Pedro: ¿No tiene miedo?

José: No, pos ya lo perdí. Perdí el miedo desde que perdí la mano.

Pedro: ¿Algún consejo que le pueda dar a los muchachos después de su experiencia?

José: Que no se duerman, que mejor si llevan sueño que descansen unos dos días en algún albergue o donde puedan. Porque el sueño lo vence a uno aunque no quiera, y de repente el tren es traicionero. El tren de repente enfrena y uno se va para abajo. El sueño lo domina a uno.

Pedro: ¿Así que ya no le da miedo?

José: No, ya no me da miedo.

Pedro: ¿Lo perdió de la manera más difícil?

José: Así es, y aprendí a perderle el miedo a este tren y nunca lo olvidaré. A muchos les he hablado que el tren no es juguete, que tengan cuidado. Algunos si me escuchan pero otros piensan que no les le va a pasar a ellos.

Pedro: ¿Y a quién va buscando allá, tiene familiares en Los Ángeles?

José: No, no tengo a nadie. Voy así... a la buena de Dios.

Antes de que el tren emprendiera su marcha, dejé a José y al grupo de migrantes que estaban junto a él desesperados ya porque el tren saliera, y me fui a buscar a mi amigo Hiram, que también se encontraba filmando en otra parte de los vagones a varios migrantes que habíamos conocido un día antes en el albergue "Hogar de la Misericordia", de esa misma ciudad, Arriaga, Chiapas.

Yo no me subí a *la bestia* en Arriaga porque voluntarios del albergue, migrantes y hasta las mismas autoridades me hicieron desistir de mis planes. Todos coincidían que en cuanto el tren salía de esa ciudad y apenas penetraba en las montañas que están a la salida del pueblo, era un hecho que los ladrones subían con pistolas y machetes para asaltar a los centroamericanos. Me recomendaron que no lo hiciera, porque si me veían filmando con la cámara no dudarían en matarme pues no les gustaría que tuviera evidencias de los robos y violaciones que cometen.

Quienes me hicieron desistir, enfatizaron que yo hacía más falta vivo para terminar de contar la historia que estaba filmando, la cual consideraban muy necesaria, aunque fuera sólo a través de testimonio. Incluso el mismo jefe de policía de la ciudad de Arriaga, Chiapas, a quien había entrevistado un día antes, me recomendó que lo pensara muy bien cuando le platiqué mis intenciones.

Escuché los consejos y recomendaciones de todos y me adelanté al tren. Mi amigo Hiram, quien me seguía por auto, me llevó a un pueblo unos kilómetros más adelante donde aparentemente el peligro ya habría pasado. Lo malo es que en ese lugar tenía que montar *la bestia* en plena marcha.

Cuando llegó el tren, esperé los últimos vagones porque ahí iban las personas a quienes estaba siguiendo para filmar. El también llamado "tren de la muerte", jalaba un poco más de ciento cincuenta cajas de acero convertidas en vagones ferroviarios. La mayoría eran de un color entre rojizo y café, aunque llevaba también una que otra de color negro, un negro profundo, así como el destino de muchos de los migrantes que viajaban sobre sus techos.

Yo le brinqué cual garrotero entrenado para subir y bajar de un tren en marcha. Atiné a sujetarme con las manos en las escalerillas que tienen los vagones en los costados, pero al brincar e intentar pisar sobre el último escalón, mis pies fallaron y se fueron hacia abajo. Sólo escuché gritos de exclamación y miedo de los migrantes, mientras que algunos trataban de agarrarme para jalarme hacia arriba.

Sentí una corriente de aire que fluía cerca de las ruedas, como que ésta trataba de succionar mis pies hacia adentro, pero como pude pateé en el aire y me empujé hacia arriba con toda la fuerza que tenía en los brazos, hasta que encontré el último escalón de la escalerilla, ese que inicialmente había fallado en pisar.

El incidente me dejó una cicatriz de aproximadamente tres centímetros y medio en la pantorrilla izquierda, producto de un golpe que me di en la escalerilla del tren cuando pateaba al aire intentando encontrar el escalón para subir. Ya pasaron cuatros años y la cicatriz aún permanece muy visible, como un fiel recuerdo del día que casi pierdo un pie por desafiar la llamada *bestia*.

En la espalda cargaba una pequeña mochila donde llevaba un par de cables para audio, video casetes y baterías para la cámara. Precisamente la cámara con que filmaba el documental la llevaba colgada sobre mi hombro derecho; en el izquierdo traía una cámara fotográfica. En ningún momento dejé de filmar mientras me subía al tren en marcha, vaya, la cámara la llevaba colgada sobre el hombro pero la dejé grabando, aunque iba apuntando hacia el suelo, como lo hubiera hecho cualquier otro periodista en mi lugar. En esta profesión, lo último que se hace es apagar la cámara cuando se está en una situación de peligro.

Aún conservo el video de ese momento de apuro, y las pocas veces que lo he visto me sirve para recordar aquel día que casi perdí las piernas en garras de *la bestia* en alguna parte del norte de Chiapas, México.

Esa noche llegamos ya de madrugada a Ixtepec, pero fue hasta la mañana siguiente que pude platicar con varios de los migrantes, y me di cuenta que a muchos los habían robado saliendo de Arriaga, sobre todo a los que viajaban en los vagones de adelante. Entre ellos estaba José, a quien despojaron de todo lo que tenía; hasta los zapatos le quitaron.

Fue en el albergue "Hermanos en el Camino", del padre Alejandro

Solalinde, donde me platicó su tragedia, y la verdadera razón por la cual a pesar de haber perdido ya una mano aún seguía insistiendo en tratar de llegar a los Estados Unidos.

Nos sentamos sobre la pequeña barda de la capilla donde oficia sus misas el padre Solalinde y ahí, a unos metros del altar que está al fondo, en las tres paredes que tiene ese recinto religioso, José me contó su tragedia. Con voz entrecortada y sus ojos ahogados en lágrimas, me habló también de lo que sufren los migrantes como él en tierras mexicanas, y cómo ese país se ha convertido en un cementerio sin cruces para quien se atreve a cruzarlo de manera ilegal arriba de los trenes.

Pedro: ¿Qué pasó, supe que lo robaron anoche?

José: Me robaron mis zapatos, un cambio de ropa que me habían regalado en Guatemala cuando anduve pidiendo, y me robaron un dinero, porque yo traía mil quinientos pesos mexicanos que los había pedido en los autobuses de Guatemala. Todos me los quitaron.

Pedro: ¿O sea, los registraron uno a uno?

José: Yo venía sentado y me levantaron. Nos registraron todo. A otros también les quitaron ropa, zapatos, todo lo que traíamos nos quitaron. A mí me quitaron los zapatos y me dieron estos que traigo.

Pedro: ¿Le quitaron los zapatos y le dieron otros?

Antes de contestar, José volteó hacia sus pies y me mostró unos zapatos negros de vestir en muy mal estado que traía puestos. Se los removió para mostrármelos; los zapatos que le dieron los asaltantes eran mucho más grandes del tamaño de sus pies.

José: Ajá, a mí me dieron estos zapatos que no son de mi número, me quedan grandes. Y no sólo a mí, a varios nos quitaron los zapatos, la ropa, las fajas, las gorras y nos dieron lo que no servía.

Pedro: ¿Cuántos asaltantes eran?

José: Pos [sic] yo vi cuatro y traían machetes y pistolas.

Pedro: ¿Pero cómo está eso que les quitaban los zapatos y la ropa; en qué los cargaban cuando se los quitaban?

José: Ellos traían una bolsa grande y ahí traían varios pares de zapatos de otros que habían robado y nos andaban dando lo que no servía, o sea, si veían que los de nosotros estaban mejores, nos los quitaban y nos daban de los más viejitos que traían. A mí sólo me dejaron una cobija.

Pero también nos amenazaron, nos dijeron que más adelante nos iban a matar si decíamos algo. Y todo por cuidar nuestras vidas, mejor les dimos lo que traíamos.

José continúa platicando pero su tono de voz cambió, empezó a hablar pausado. Su rostro enseñaba muestras de tristeza y frustración.

José: No tuvieron compasión para nada. Es más, hasta me metieron la pistola en la boca, me dijeron, "Muérdela, muérdela pa' que mires que es de verdad". "No", les dije, "yo soy inválido de mis dos manos y de mi vista y no...", me dijeron una gran palabra grosera pues, mejor me quedé callado. A usted le consta que ayer que me entrevistó allá en Arriaga cuando me subí al tren yo traía otro espíritu, otro ambiente, pero ya no. Ya después de eso pues, me he puesto a pensar que primero pierdo mi mano y luego soy asaltado. A veces pienso que ya estos caminos no son para que yo los siga caminando.

Pedro: ¿Son muchos los riesgos, los peligros en estos caminos?

José: Muchos, muchos, aparte de los asaltos, sufrimos desvelo, hambre, sed, sol, lluvia, principalmente cuando vamos de aquí de Orizaba para arriba en eso que es más frío. Sufrimos bastante. Sólo el que nunca ha venido a estas tierras cruzando todo México, no sabe lo que es el sufrimiento de la vida.

José continúa la plática. Sus palabras son una reflexión de lo que es la travesía por México. La tristeza arropa su rostro y hace más agudo el tono de su voz. Su mirada es fija hacia la distancia. Se pierde entre las nubes grises que cobijan ese día nublado. Allá, a lo lejos, están las vías del tren y es para donde su mirada queda clavada. Las vías no se alcanzan a ver pero sabe que allá, hacia donde se pierde su mirada, pasa el tren y es que por ahí llegó cuando entró al albergue.

José: Es una ilusión que uno lleva, pero a veces el "sueño americano" lo lleva hasta punto de perder la vida. Así como a muchos nos ha pasado en estos caminos, muchos perdemos la vida porque en México hay muchos caminos que no tienen regreso. No sabemos a donde nos deje el tren tirados, y tal vez nuestras familias en nuestros países nos hacen en Estados Unidos y dicen, "Que mi esposo, que mi hijo ya no me ayuda, que se ha olvidado", y tal vez estamos sepultados en tierras mexicanas que ni cuenta se dan nuestros parientes. Este camino es como un cementerio sin cruces.

Pedro: ¿Sabía usted de los peligros de estos caminos la primera vez que vino?

José: Pues sí, muchas, personas me habían platicado que si me quedaba dormido que mejor me bajara del tren a esperar otro, que no siguiera el camino y por no entender, por no obedecer los consejos que me daban me sucedió esto. Y ahora que me paso a mí, pues es una experiencia que me quedó y que se la cuento a miles de inmigrantes, de mojados, pos [sic] para que no les vaya a pasar lo mismo, porque la verdad es muy triste quedarse sin partes de su cuerpo. Ese tren es un demonio, es un demonio el tren. Es traicionero. Ese tren ha cobrado miles de vidas humanas, pero muchos no entendemos por el amor de sacar nuestras familias adelante.

José regresa su mirada hacia mí cuando le pregunto por su familia. Sus ojos ya húmedos por el momento de reflexión que hace sobre su tragedia y el sufrimiento de sus paisanos, se desbordan en llanto. Su voz se quiebra por completo al hablar de sus vástagos que dejó atrás, y la verdadera razón por la cual pone su vida en peligro en estos caminos del infierno.

Pedro: ¿Tiene hijos?

José: Seis. Pero a los seis los tengo yo. Yo solito los mantengo. Yo solito los mantengo pero así, pidiendo en los camiones, en los buses. Allá en Honduras, porque la mamá de ellos me los dejó pues y se fue con otro.

Pedro: ¿Qué edad tienen sus hijos?

José: El menor apenas tiene 11 años y la mayor apenas va a cumplir 22 años.

Pedro: ¿Ellos están de acuerdo que usted ande por acá, así sin una mano?

José: No, ellos lo que me dicen es que no viaje. Los más grandecitos me dicen, "Papá, lo que vamos hacer es que te vamos a amarrar para que no viajes, ya fuiste a perder la mano y a punto de perder la otra y casi no ves, entiende. Con lo que Dios te da nos das suficiente para que sobrevivamos. Pero ya no vayas a Estados Unidos". Pero yo no, yo no les hago caso por quererlos sacar adelante. Pero es que además tengo una deuda allá en Honduras que necesito pagar. ¿Sabe?, habemos

[sic] muchos allá en Honduras que hipotecamos las casas, quitamos prestamos, y sólo para que nos vengan a robar aquí, que ya para nuestro regreso ya tenemos miedo regresar a nuestro país, porque ya no podemos pagar lo que quitamos allá prestado. Yo la primera vez que me vine tuve que hipotecar mi casa y la perdí por motivos que tuve mi accidente, y lo segundo, no entré a Estados Unidos. Cuando yo llegué a Honduras quise reclamar mi casa, fui a ver si el señor aceptaba que yo le pagara la hipoteca poco a poco, pero me dijo que él hacía tratos de hombres, y que no era su culpa que yo hubiera tenido el accidente.

Pedro: ¿Qué va a pasar ahora, va a seguir?

José: Pues ya después de lo que me pasó no sé. Mi idea era llegar a Los Ángeles porque me han dicho que ahí están poniendo las prótesis y están haciendo cirugías en la vista, y que ahí me pueden arreglar mi mano derecha también. Esa era mi idea, pero ya no sé. Si lo lograra, yo en cuanto esté reparado de mis brazos, bueno, yo ya me regresaría al lado de mis hijos.

Antes de abandonar el albergue "Hermanos en el Camino", vi de nuevo a José, y me comentó que había decidido no continuar el viaje. Le parecía muy peligroso y difícil para subirse a los trenes en sus condiciones. Me contó que mejor regresaría a Honduras con sus hijos. Yo abandoné el albergue del padre Solalinde y nunca más volví a ver a ese migrante hondureño a quien *la bestia* ya había marcado para siempre.

"Yo no me voy a morir sin ir a Estados Unidos, y voy a ir"

Alicia Rivera | Edad: 44 años
País de Origen: El Salvador
Destino: Los Ángeles, California
Primer viaje en *la bestia*

Pocos migrantes me impactaron tanto a lo largo de la travesía por México mientras filmaba *La bestia* como Alicia Rivera. Y no fue porque tuviera una historia trágica, tampoco porque hubiera caído en manos de asaltantes, violadores o secuestradores. Alicia es de los raros, muy raros casos de migrantes que cruzaron México sin ser parte de las estadísticas.

Lo que más me impactó de esta señora originaria de San Salvador, El Salvador, fue su determinación y su optimismo. Su forma de pensar y de actuar la llevaría eventualmente a lograr sus sueños, no sin antes jugarse la vida entre algunos obstáculos que le aparecieron en el camino.

La vi por vez primera en el albergue "Hogar de la Misericordia", de Arriaga, Chiapas. Viajaba con dos amigas, Ana María López, de 36 años de edad, compañera de trabajo en su país natal, y Maribel Centeno, la joven nicaragüense de 22 años que conoció en un centro de detención de inmigración en Chiapas. La historia de Maribel está incluida al inicio de este libro.

Alicia no se dobló a las adversidades ni en los momentos más difíciles del viaje. Siempre sonreía y siempre tenía alguna palabra de ánimo para los demás. Se convirtió en una especie de mamá del grupo de migrantes más jóvenes que a lo largo del camino se unían y se separaban a ella, a Maribel y Ana María, conforme iban avanzando. Cada día conocían migrantes nuevos que se unían a ellas, y cada día iban separándose de otros, pero a Alicia la veían siempre cómo la matriarca del grupo.

Esa primera vez que platicamos en la cocina del albergue de Arriaga, me aseguró con una sonrisa que bañaba su rostro de orilla a orilla, que de llegar, llegaba, que no sabía cuándo ni cómo, pero que lograría su objetivo. "Sueños son sueños", me dijo, "y hay que luchar por ellos". El sueño de toda su vida era ir a Los Ángeles, California, y viajaba con la certeza que iba a llegar.

Recuerdo haberle dicho que si lo lograba, yo viajaría desde Nueva York para entrevistarla en el famoso muelle de Santa Mónica, ahí frente al mar, que yo iría a buscarla a donde viviera en el área de Los Ángeles para llevarla a conocer ese lugar y realizar ahí una entrevista. Me aseguró con mucha certeza y una amplia sonrisa, que sin duda ahí se haría.

Nunca dudé de la determinación de Alicia ni cuestioné su capacidad para atravesar montada en los trenes, un país con tantas trampas mortales, lleno de "buitres" y de cualquier tipo de depredador humano, pero tampoco estaba seguro que fuera a llegar conociendo lo riesgoso del camino y las desventajas que ella tenía por su peso y su edad.

Cruzar México de manera ilegal y montando la famosa *bestia*, es cómo intentar un acto suicida para cualquier persona, incluyendo hombres jóvenes, atléticos y con todas las destrezas posibles para subir y bajar los trenes, o para correr y pelear defendiendo su vida. Pero Alicia tenía 44 años de edad, era de las mujeres de mayor edad que conocí en la travesía, y además estaba un poco pasada de peso. Era la migrante más gordita que vi en ese viaje. Tenía muchas cosas en su contra, menos su determinación y una fe inquebrantable que convencía a cualquiera.

A diferencia de la gran mayoría de migrantes, Alicia no viajaba sólo por necesidad; lo hacía por cumplir un sueño que tenía desde joven. Es cierto que quería trabajar, pero no había dejado en El Salvador hijos pequeños que dependieran de ella. Sus hijos ya eran mayores de edad y estaban casados, sin embargo, también los quería ayudar, y del mismo modo quería ayudar a su madre. Pero la urgencia de ganar dólares no era el motivo principal que la llevaba por esos caminos.

La primera entrevista que le hice en cámara para el documental *La bestia*, fue cuatro días después de haberla conocido. Nos sentamos a platicar en el patio del albergue "Hermanos en el Camino", del padre Alejandro Solalinde, en Ixtepec, Oaxaca. Es la única vez que la vi llorar en todo el viaje y no fue por los sufrimientos de la travesía, sino por una tragedia que había vivido en San Salvador, apenas un año antes.

La determinada migrante salvadoreña comenzó su interesante relato.

Alicia: Cada año yo he vivido con esa idea en mi mente de ir a Estados Unidos, porque mi país es un país bien, pues pobre, y uno es de una clase media que no puede cubrir todos los gastos, todo lo que en un hogar se necesita, y como mamá soltera yo siempre he querido para mis hijos lo mejor y sacarlos adelante. Ahora este año yo tomé la decisión de caminar para acá con esa idea de que mis hijos estén mejor, pues, porque no vivo de lo peor en El Salvador, pero sí necesito muchas cosas y no las podemos obtener allá, y tenemos que esforzarnos para poder tenerlas. Y más ahora cuando mi hijo se murió; dejó una muchacha embarazada, nació la bebé y yo siento una gran responsabilidad de sacar adelante a esa bebé porque su papá ya no está.

Pedro: ¿Cuántos hijos tiene?

Alicia: Tengo tres hembras y dos varones.

Pedro: ¿Qué edades tienen sus hijos?

Alicia: La mayor tiene 27 años, un varón de 26, una hija de 22 y otro varón de 18, y la última que tiene 17 años.

Pedro: ¿Por qué ahora, por qué a esta edad, si dice que no tiene tanta necesidad en su país?

Alicia: Pues yo siempre he querido ir a los Estados Unidos, pero cuando ellos estaban pequeños no tuve el valor de venir por no dejarlos solos, pero ahora ellos ya están grandes y ya se saben cuidar, por eso me vine. Quizás dos razones me han motivado a dejarlos y venirme: una es que necesito mejorar mi casa, y otra es enseñarles a ellos de ser responsables de sus propias vidas, porque hay veces que los hijos hasta que no viven unas experiencias no se sienten responsables.

Pedro: ¿Cómo fue la despedida, qué le dijeron cuando salió de casa, cómo los preparó para decirles, "ya me voy"?

Alicia: El día que me vine no les dije: "Ya me voy"; sólo sabían que a trabajar iba. Sólo mi hija se dio cuenta que estaba planeando ir a Estados Unidos, y ella no quería, por el camino tan arriesgoso [sic], pero Dios siempre lo guarda a uno. Esa es la confianza que yo tengo, que Dios nos lleva con bien. Ese día sólo me levanté muy de mañana y no quise despedirme de mis hijos porque quizá no me hubiera venido, pero tomé la decisión, porque si uno no se decide nunca hace nada pues.

Pedro: ¿Cómo van las cosas hasta ahora?

Alicia: Hasta aquí nada nos ha pasado de lo que le pasa a mucha gente, porque este camino es de muchas historias, pero a mí no me han pasado mayores cosas.

Pedro: ¿Usted había escuchado lo peligroso que es el camino para Estados Unidos?

Alicia: Mucho, muchas cosas bien desagradables, incluyendo mi mamá y todos los vecinos me decían que no me viniera porque este camino era demasiado peligroso, arriesgado, y es que allá cuentan lo peor, y sí es cierto, lo peor de estos caminos, pero de veras que uno, yo siempre he dicho: "Hasta no ver no creer". Yo no voy con la idea de quedarme en Estados Unidos para siempre, porque no es la idea, sino de trabajar a lo más tres años, lo mucho que puedo trabajar en Estados Unidos para regresar a mi casa son tres años.

Pedro: ¿No le dijo alguien en algún momento, "Estás muy mayor para que te vayas"?

Alicia: Sí, siempre me han dicho, mis hermanos, incluso hay cinco que están en Estados Unidos. Ellos siempre me han dicho: "Mira güey, estás muy vieja", y entonces yo les digo: "Viejos los cerros", porque la verdad es que yo tengo mis manos buenas y siempre he trabajado, pero yo no, no creo que no pueda llegar, porque personas más mayores que mí se han venido y han trabajado y han vuelto. Nunca jamás encontré una persona que me dijera, "Está bueno, váyase". Sólo una persona en el tiempo que yo he estado realizando mi viaje encontré que me dijera, "Mire, sí, ese camino es una aventura bien chiva", me dijo, "ese camino en ratos buenos y ratos malos, pero uno se divierte viendo tantas cosas ahí", me dijo. Siempre me han dicho, "Matan a la gente, la violan", que no sé qué. Pero la verdad es que uno tiene que ser positivo, porque si uno no se arriesga también en la vida hay sueños que uno tiene y hay que realizarlos.

Pedro: ¿Qué destino lleva en Estados Unidos?

Alicia: Ahorita pienso ir a Los Ángeles. Voy a trabajar un tiempo, pero si mis hermanos me dicen que me vaya para el estado donde ellos están, me voy.

Pedro: ¿Dónde están sus hermanos, sabe?

Alicia: Dos están con Connecticut y tres están en Nueva Jersey.

Pedro: ¿Y por qué a Los Ángeles?

Alicia: Porque ahí está un primo, es el único que me dijo que me fuera pa' donde él. Ahorita mis hermanos me están ayudando pero yo les he dicho que no voy pa' donde ellos, si no pa' Los Ángeles, porque ahí hay una señora que contrata trabajadoras y nosotros la conocemos. Yo pienso que cuando yo entre a México, a la capital, cuando ya esté bien adentro, yo les voy a llamar porque ellos me van a poner un guía.

Pedro: ¿Tres mujeres caminando solas?

Alicia: Tres mujeres.

Pedro: ¿Han caminado por el monte?

Alicia: Si, cinco horas en una ocasión, y en otra sólo una hora.

Pedro: ¿Por el monte?

Alicia: Por el monte. Por una calle bien sola porque por ahí ya no pasan vehículos ni nada.

Pedro: ¿No les daba miedo en ese momento?

Alicia: No. Pero sí hasta pasamos por dos cementerios y por una finca donde había cacao y había café.

Pedro: ¿Pasaron por dos cementerios?

Alicia: Sí, y nosotros oíamos ruidos porque el viento estaba bien fuerte, porque ya ve que los muertos no hacen nada. Luego encontramos a un hombre que lo veíamos sospechoso y nos dijo que él era de Honduras y nos preguntó, "¿Y ustedes solas andan?"; "Sí, solas nosotras..." Y entonces después yo estaba diciendo, "Dios mío... quizás nos va a seguir ese hombre pero somos tres y él sólo uno, y él nos volteaba a ver y nos volteaba a ver, y él cambió de camino y siempre nos volteaba a ver y les dije yo a ellas, "Miren ese hombre es sospechoso", pero no, nada pasó y la gente nos iba indicando por donde saliéramos, hasta que salimos a la calle.

Pedro: ¿Se han puesto a pensar si en algún momento les salen violadores y las quieren violar, se han puesto a pensar en eso?

Alicia: Ya hemos pensado en eso pero siempre hemos tenido la fe que no nos va a pasar nada.

Pedro: ¿Cree que las historias de las muertes, las violaciones los sufrimientos son mentiras?

Alicia: No, eso es realidad. Mucha gente ha muerto en las calles, mucha gente ha muerto en los trenes, a muchas han matado en el camino, las han violado, eso es una realidad que pasa. Me dijeron, "No te vayas a ir ni en lancha ni en tren ni un momento, sino camina y en bus, ve cómo, pero no te vayas a permitir subirte a un tren".

Pedro: ¿Quién le dijo, su familia?

Alicia: Así es. Y quizás si ellos supieran donde ando, estuvieran bien afligidos.

Pedro: Anoche llegaron aquí a Ixtepec, ¿cómo estuvo el viaje?

Alicia: Yo venía afligida porque el tren paró varias veces y pensamos que se habían subido los que roban, y es más, habíamos escondido el dinero, aunque no traíamos mucho, poquito, pero ya uno sin ninguna moneda se siente más peor. Y gracias a Dios no pasó nada porque dicen que en este trayecto que hemos pasado, nunca pasa el tren sin que los roben o hasta los maten.

Pedro: ¿También se subió hasta el techo de los vagones?

Alicia: Ay no, eso no lo hago. Sólo me subí y estaba una plancha y ahí me quedé quieta, porque yo me imagino que la gente que se cae del tren es porque van de un lado a otro, descuidada.

Pedro: ¿Fue pesado el viaje ése?

Alicia: Sí, uno se rinde, se cansa, porque aunque uno no va trabajando son muchas horas paradas, sentadas, bueno y que las abejas salen en el camino, gracias a Dios no me picaron pero a mis compañeros sí. Pero hay que ir a la expectativa si la migra, si los mañosos, hay que ir viendo qué es lo que se encuentra en el camino.

Si bien las abejas no son depredadores humanos de los que roban, secuestran, violan o matan frecuentemente a los migrantes cuando viajan en los trenes de carga mexicanos, sí son parte de los peligros a los que están expuestos. Los ataques de abejas son muy comunes en el sur de México.

La cercanía del tren con los densos árboles de la selva chiapaneca con frecuencia golpea panales de abejas en las ramas, y en consecuencia éstas atacan de manera masiva a los migrantes, sobre todo a los que van sentados en los techos.

Es raro el viaje entre Arriaga, Chiapas e Ixtepec, Oaxaca en que los migrantes no sean atacados por estos insectos voladores. Rara la vez que llegan a librarse de los piquetes de las abejas. El día que yo viajé filmando el documental, las abejas también nos atacaron; a mí me picaron tres en el pecho y una más en el cuello. El momento del ataque de las abejas quedó filmado en video y se puede ver en el documental *La bestia*.

Alicia dice que ni a ella ni a sus compañeras de viaje les picaron, pero fue porque venían en las planchas, o sea abajo, en la plataforma adyacente a donde se enganchan los vagones. Si bien las abejas también atacan a los que viajan sentados en las planchas, son los que van arriba, sentados en los techos los más vulnerables y más afectados. Y es que no hay hacia donde hacerse ni cómo defenderse, más que tirando manotazos o quitarse la camisa o la cachucha para tratar de ahuyentarlas.

He conocido casos de migrantes que han sido hospitalizados al llegar a Ixtepec porque los han picado cientos de abejas. Sus rostros quedan irreconocibles y parte de su cuerpo igualmente inflamado de tanto piquete de abeja.

Pedro: ¿Cuántas veces la han deportado?

Alicia: Dos veces ya.

Pedro: ¿Qué pasa si la vuelven a detener otra vez?

Alicia: Ay, quizás ya no voy a seguir. Yo digo, si me vuelven a agarrar, ojalá primeramente Dios que ya no. No estoy dispuesta a seguir malgastando el dinero. Mejor me regresaría para mi país.

Pedro: ¿Está lista para regresar a su país, no le daría pena que la vean regresar?

Alicia: Sí, claro, porque no quiero regresar sin nada. Pues por eso me regresé la segunda vez, porque no quiero llegar a mi país así pues, sin, sin realizar lo que yo tengo en la mente. No, voy a luchar de aquí en adelante, si no, voy a hablar con mis hermanos; tiene que haber una forma. Sí, nomás quiero llegar al Distrito Federal [Capital de México] y ver si encuentro hablar con mi familia; si yo no puedo irme en tren no me voy a arriesgar, porque dicen que de ahí en adelante si son bien rápidos, una mujer no puede subirse bien cuando van rápido.

Pedro: ¿O sea que está bien decidida en llegar a Estados Unidos?

Alicia: Sí, eso sí, porque no me voy a morir sin ir allá, tengo que ir. Siempre he dicho, "Yo no me voy a morir si yo no voy a conocer", y voy a ir.

Pedro: ¿Es su sueño?

Alicia: Siempre, siempre de toda mi vida.

Alicia deja escapar una amplia sonrisa al hablar de su sueño. Los ojos se le iluminan de alegría, parece que los rayos de sol que nos bañan con su inmensa luz esa mañana le han penetrado el alma y le reflejan por la mirada. Pues es un sueño de toda la vida y ahora que ya va en camino siente que no puede dejar escapar esa oportunidad de poder cristalizarlo.

Pero luego hace una pequeña pausa y su rostro enmudece un poco. Su tono de voz cambia al pensar en sus hijos y en muchas otras madres que también fueron tras el mismo sueño y nunca más han regresado, ni siquiera a ver a la familia que dejaron atrás.

Alicia: Yo conozco varias historias de mamás que se han venido, algunas se quedan allá, quizás se acompañan o se casan, no sé, pero he visto que dejan a sus hijos abandonados por allá y los papás están luchando con ellos y las mamás, pues no hablan ni nada, y eso es algo que no es correcto y no se debería de dar, porque uno nunca quiere dejar botados a sus hijos.

Pedro: ¿Por eso usted se vino cuando ya habían crecido los suyos?

Alicia: Sí, al menos ahorita a ellos ya no me siento obligada a mandarles, ellos ya están trabajando. Ya cuando yo llegue y que consiga un trabajo, pues sí les ayudaré y también a mi mamá, pero ya no como si estuvieran pequeños.

Pedro: Doña Alicia, me contó que quiere trabajar para la niña que dejó su hijo, ¿qué pasó con él, cómo murió?

La pregunta le costó muchas lágrimas. Hablar de su hijo Walter Ernesto, que había muerto un año antes de que ella saliera de El Salvador, y cuando apenas había cumplido los 22 años, era un tema demasiado sensible para Alicia. Sin embargo, el deceso de su hijo era también parte de la razón que la llevaba a Estados Unidos.

Alejarse de El Salvador por un tiempo le ayudaría a sanar un poco la herida que le dejó su muerte. Además, buscaba ayudar económicamente a su nieta que había quedado sin padre antes de nacer. Y es que la novia de Walter Ernesto tenía tres meses de embarazo cuando él perdió la vida. La nieta de Alicia, Mayra Valeria, ahora de cuatro años de edad, no llegó a conocer a su joven padre.

Alicia: Era un día viernes. Él iba a trabajar y a las 6 de la mañana me lo mataron. Yo fui a la tienda y no vi a nadie que me hiciera sospechar nada. Cuando llegué a la tienda y me quedé en la puerta, oí los disparos; cuando vi que estaba en la calle, yo corrí para donde él estaba para ver si lo llevaba al hospital, y cuando llegué a donde él estaba ya no... ya no lo pude auxiliar, ya no pude hacer nada por él. Ya me lo habían matado y casi frente de mí y no pude hacer nada.

El brillo de sus ojos que antes irradiaba de alegría, ahora estaba extraviado de su rostro. Las lágrimas y el llanto se habían apoderado de ella. Alicia y yo permanecimos ahí solos, alejados de los demás migrantes que se apreciaban sentados descansado por todas partes del albergue. Nos quedamos platicando pero ya sin grabar la entrevista, hasta que Alicia volvió a sonreír de nuevo.

Esa tarde abandonaron el albergue Alicia, Ana María, Maribel y por lo menos otros cien migrantes que habían llegado la madrugada de ese día. Se dirigían a la estación del tren ahí en Ixtepec. Había rumores que por la tarde saldría un tren rumbo a Medias Aguas, su siguiente parada.

Por la próxima semana y media viajé cerca de Alicia y sus amigas. A ellas ya se había unido Silvio, el migrante nicaragüense que les iba ayudado a subir y bajar de los trenes. La historia de Silvio es la primera que presenté en este libro. La única vez que les perdí la pista a Alicia y sus amigas fue al llegar a Orizaba, Veracruz, cuando me detuvo la policía arriba del tren, como también lo relaté previamente.

Me reencontré de nuevo con las tres mujeres y Silvio en Lechería, a las afueras de la ciudad de México. Para entonces ya habían pasado tres días desde la última vez que los vi aquella noche lluviosa que la policía me acusó de invasión a la propiedad privada federal, y de tener un pasaporte mexicano "falso", porque según ellos mi acento parecía colombiano.

Lechería, Estado de México

La Colonia Lechería, ubicada en el municipio de Tultitlán, Estado de México, es otro punto clave en la ruta de los migrantes centroamericanos en tránsito por México. Lechería está situada a unos 40 kilómetros al norte de la Ciudad de México.

Alicia y Ana María tenían más de un mes de haber salido de El Salvador. Ya habían sido deportadas a Guatemala dos veces pero finalmente habían llegado a las inmediaciones de la Ciudad de México, la mitad del camino por ese país, según dice la mayoría de migrantes. De ahí, Estados Unidos estaba más cerca y, según muchos, la parte más peligrosa de la travesía había quedado atrás, a pesar de que todavía distan casi mil kilómetros a la frontera más cercana de México con Estados Unidos, en Matamoros, Tamaulipas.

Cuando las vi, estaban sentadas debajo de un puente. Había varios migrantes con ellas; algunos eran parte del grupo que viajaban juntos desde Arriaga.

El día era frío y estaba nublado. La temperatura en México cambia bastante dependiendo la región y la temporada del año. En el sur es un clima tropical, húmedo y cálido, pero en la capital del país las temperaturas son frías en el mes de noviembre, y las enfrían aún más la altitud, ya que la Ciudad de México está a un altura de 2,240 metros sobre el nivel del mar.

Alicia y sus amigas estaban sentadas en el suelo cuando llegamos Hiram y yo. Las encontramos recargadas a los pilares de cemento del puente que conecta a dos áreas de Lechería, y el cual permite que por abajo pase el tren.

Las tres mujeres centroamericanas se veían agotadas. Sus rostros mostraban cansancio, hambre y mucho sueño. Tenían puestas unas chamarras y suéteres que habían conseguido en el camino, pero aún se veían con frío. Alicia y yo nos sentamos de nuevo a platicar. Pronto me puso al tanto de la aventura vivida en los últimos tres días que no nos habíamos visto.

Alicia: Ese trayecto de Tierra Blanca para este lugar ha sido muy difícil. Pues porque no nos venimos directo, y ha sido bien arriesgado porque, pues estar en el campo esperando el tren y que nunca pase, es bien... fatigoso, bien cansado. Sin dormir bastante porque está nevando. El cerro está bien... bien, con bastante nieve y para uno es bien difícil porque no está acostumbrado a andar en estos caminos, pero gracias a Dios estamos acá.

Pedro: ¿Qué ha sido lo más complicado estos últimos días?

Alicia: Pues todo es bien difícil en este camino, es de aflicción, porque uno viene viendo, sabiendo cosas anteriores, viendo las cosas que le pasan a otras personas que se han arruinado su vida porque, allá pudimos ver, verdad, a aquella muchacha que le hicieron tanto daño en el tren y que ha quedado enferma, y así de muchas cosas que uno se da cuenta, que mucha gente se cae y saber que uno viene arriesgándose. A mí me pone nerviosa y afligida este viaje, no es fácil.

Pedro: ¿Se ha caído alguna vez usted en este viaje?

[Risas].

Alicia: Nomás una vez.

Pedro: ¿Se cayó una vez?

Alicia: Ajá.

Pedro: Pero, ¿cómo fue?

Alicia: Es que nos íbamos a bajar antes de entrar a la estación y la calle está mala, estaba una piedra bien filosa y me resbalé y me caí.

Pedro: ¿Brincó?

Alicia: Ajá. Nos tiramos. Bajamos a la escalera de abajo y cuando nos dejamos ir nos resbalamos, pero no fue tanto como otras personas que se han lastimado muy feo.

Pedro: ¿Le dio miedo en ese momento?

Alicia: Ay... sí. Y es que ese tren da mucho miedo. Por eso es que la gente... uno se asusta cuando la gente dice "la gran bestia", porque sí se asusta uno, la gente así la trata a esa máquina, porque viene muy rápido y riesgoso en todo sentido, porque el tren se puede descarrilar o le salen los mañosos.

Pedro: ¿Cuál ha sido la parte más difícil para usted de la travesía en tren, hasta ahorita?

Alicia: Lo más difícil es subirse al tren, porque se pone tensa y se me quita el hambre, y ya cuando vengo en el tren a mí no me da miedo.

Pedro: ¿Donde han dormido, señora, estos días, estas noches pasadas?

Alicia: No hemos dormido, porque uno en la calle se acuesta pero no duerme. No hemos dormido... por dos noches no hemos dormido.

Pedro: ¿Ni han dormitado si quiera en la calle?

Alicia: No. Uno tiene que estar pendiente, que si viene el tren, que si lo va a dejar, que si la gente que está en el camino, que si es buena o es mala y todo eso; uno no puede dormir.

Pedro: ¿Dónde han pasado las noches, en las vías, en el campo abierto, en la calle, dónde han pasado estas noches?

Alicia: En las vías... este, en la caseta donde están los vigilantes, ahí se queda uno, y no puede descuidarse ni puede ir a buscar donde dormir, porque entonces se le alarga mucho el tiempo.

Pedro: ¿Cuántos días tiene ya sin asearse?

[Alicia se ríe antes de contestar.]

Alicia: Dos días. Dos días porque no había agua. Un día fuimos a bañarnos a un pozo de las vacas. Un señor nos dijo, "Vayan a bañarse, ahí hay agua..." Nosotros creíamos que era un broquel de donde sacan el agua, pero era pozo, así, estancado, que quizás ahí tomaban las vacas, pero así nos fuimos a bañar.

Pedro: Finalmente llegan a Lechería, ya están a la mitad del camino. ¿Qué sigue de aquí?

Alicia: Pues pensar qué ruta agarrar y pues pensar llegar hasta el final.

Pedro: ¿Se ve más cerca de Estados Unidos?

Alicia: Sí, ya se siente más cerca uno aunque esté retirado, pero a la distancia de donde venimos está más cerca.

Pedro: Hoy la vi que se despidió de Silvio, uno de sus compañeros que venía con ustedes por más de una semana.

Alicia: En el camino uno conoce personas que le ayudan y se encariña con ellos, porque uno les pide un favor y ellos no se niegan, y uno se encariña con ellos; Silvio era una de esas personas.

Pedro: ¿Cómo se portó Silvio con ustedes en el camino, las ayudó?

Alicia: Para mí ese varón fue lo mejor, lo mejor, porque no siendo nada de nosotras ahí nos andaba ayudando.

Después de la plática en Lechería, no volví a saber nada de Alicia y Ana María, hasta dos meses después que Alicia me llamó de Piedras Negras, Coahuila, en la frontera con Eagle Pass, Texas. Yo viajé de Nueva York hasta esa ciudad fronteriza para reunirme con ella, pues me interesaba saber qué había pasado con su vida desde la última vez que la vi en la estación del tren en Lechería.

Para mi sorpresa, Alicia ya no estaba con sus amigas. Ana María había conseguido dinero con un amigo que vive en Los Ángeles y le pagó a un *coyote* para que la cruzara, primero a Houston, Texas, y de ahí sería llevada a California.

Pero las cosas no salieron como esperaba y "la migra" la detuvo en el desierto de Texas a ella y a por lo menos 15 migrantes más. Los *coyotes* que los llevaban los dejaron esperando una camioneta Van que los recogería, pero "la migra" americana llegó primero y fueron deportados.

Curiosamente, los *coyotes* no estaban; habían dejado al grupo de migrantes solos en el desierto. Ana María y los otros migrantes ya habían pagado la mitad de los dos mil dólares que les cobraron para llevarlos a Houston, pero en realidad pagaron para que los dejaran a medio desierto y en manos de "la migra".

Alicia se puso triste cuando supo que su amiga Ana iba a pasar y ella no, pues seguía esperando que sus hermanos radicados en Estados Unidos le mandaran dinero. Luego le dio tristeza saber que su amiga Ana María había sido detenida por inmigración y que sería deportada de regreso a El Salvador. Entonces sí se alegró de no haber ido con ella, porque también hubiera sido deportada. Su sueño prevalecía intacto.

Cuando viajé a Piedras Negras a buscar a Alicia, la encontré con la misma sonrisa y el mismo entusiasmo con que la conocí; nada la doblaba, nada la entristecía. El tiempo que tenía viviendo en esa ciudad fronteriza con el estado americano de Texas, había sido difícil, pero no se quejaba, ella siempre le encontraba el lado bueno a cada momento que vivía, aunque no fuera tan bueno.

Alicia sólo tenía una idea en su mente y esa nadie se la quitaría: llegar a los Estados Unidos, sin importar cómo entraría o cuánto tiempo le iba a tardar. Regresar a su país de origen estando ya tan cerca de alcanzar su sueño, era impensable.

Un mes más tarde desde la última vez la vi en Piedras Negras, Alicia me llamó desde Nogales, Sonora. Sus hermanos no le enviaron dinero y con lo poco que había juntado del trabajo que tenía en Piedras Negras, pagó su pasaje en autobús y viajó casi 24 horas hasta la frontera de Sonora con Arizona. Tenía la esperanza que en Nogales gozaría de mejor suerte. Además allá estaba Maribel, la amiga nicaragüense de quien se separó en las afueras de la capital mexicana un par de meses antes. Llegó a vivir con ella y pronto consiguió un empleo.

Yo no pude viajar a entrevistarla a Nogales, la entrevista la hizo mi amigo Hiram González que vive en esa ciudad.

Nogales, Sonora, México | Marzo 2008

Alicia: Estoy mejor que antes allá en Torreón y en Piedras [Negras] porque estoy ganando más. Estoy contenta porque creo que más pronto me voy a ir de acá. Mis hermanos no me han ayudado pero ahora sí tengo la fe que pronto me voy a ir, aunque pase unas tres o dos semanas más acá, pero sí tengo las esperanzas de irme. La idea es que ya está cerca [Los Ángeles] acá. Aunque sea unos dos mil dólares, pero ya es menos que de allá de donde estaba. Cuando estaba en Piedras, estaba con el pendiente que tenía que ir a Houston y era otro dinero más, pero de acá es un camino más derecho, más recto y hay posibilidades de conocer personas más serias y más responsables, y eso también me hizo venirme para acá a Nogales. Aunque con miedo porque está bien retirado, pero gracias a Dios ya estoy acá.

Hiram: ¿Sigue con la idea fija de llegar a Los Ángeles?

Alicia: Claro que sí. Eso no se me quita. En toda mi vida, en 44 años, siempre he estado con la mente pues puesta que tengo que ir a Estados Unidos, no sé por qué, pero yo pienso que sí se me va hacer realidad. Al menos estarme unos tres años, porque tampoco pienso estarme toda la vida.

Hiram: ¿En qué trabaja acá en Nogales?

Alicia: Pues cuido dos bebés, me gusta, ya me acostumbré a ellos. Este [trabajo] no está muy pesado porque no es una casa muy grande, es un apartamento, pero lo que más me gusta es que puedo reunir el dinero más pronto y estoy trabajando mejor. Pues aquí en Nogales he hallado un trabajo mejor, porque más antes había trabajo pero ganaba bien poco.

Hiram: ¿Cómo estuvo el viaje de Piedras para acá, no tuvo miedo a la migra en el camino?

Alicia: Ese camino está muy largo. Sólo pasamos por una garita de inmigración, pero yo hice como que estaba leyendo un libro y no me preguntaron nada, pero si bajaron a unos muchachos que parecían de Guatemala. Y cuando salí de Piedras sentí bien feo, porque tenía unas señoras, unas amigas muy buenas y, este, sentí muy feo dejarlas. Y quizás así me va a pasar ahora que me vaya de acá, pero tenemos que estar seguros que no es a quedarnos, sino a seguir.

Hiram: ¿Ha sido muy sufrido el camino?

Alicia: Pues sí, ha sido difícil, pero gracias a Dios no he sufrido como otras personas sufren, ¿verdad? Sufren tantas cosas que les pasan en el camino. Yo siento que no me ha ido tan mal. He tardado, sí, pero no he sufrido demasiado.

Hiram: ¿Entonces su mente sigue puesta en Estados Unidos?

Alicia: Sí. A no ser que me manden de vuelta y pueda llegar acá y me quedo unos días más para regresarme a El Salvador. Pero mi mente está que voy a ir a Estados Unidos, y voy a llegar.

Dice el popular dicho que "El que persevera alcanza", y en nadie se aplica mejor ese dicho que en Alicia Rivera. Nada la venció, nada la intimidó. Tuvo muchos obstáculos en el camino, algunos donde se jugó la vida, pero logró lo que quería.

Después de un tiempo desde que Hiram realizó esa parte de la entrevista con Alicia Rivera en la ciudad de Nogales, Sonora, un día de la primera semana de mayo de 2008, yo me encontraba en la ciudad de Miami, Florida, y caminaba por la popular calle "Ocean Drive" cuando sonó mi teléfono móvil. La llamada provenía de un número que no conocía, pero al ver el código del área telefónica, 818, de inmediato me di cuenta que era un número de Los Ángeles. Cuando contesté, me encontré con una sorpresa muy agradable: era Alicia Rivera, que me llamaba de su teléfono celular. Ya estaba en Los Ángeles y hasta su propio teléfono celular tenía. La conversación fue corta porque no quería que me diera todos los detalles de su llegada a esa ciudad por teléfono; preferí que los guardara y me los contara hasta tenerla frente a una cámara. Le dije que me diera un par de días para preparar mi viaje e ir a buscarla. La promesa que le hice a Alicia en Arriaga, Chiapas, ocho meses antes, aún estaba en pie, y la tenía que cumplir.

Tan pronto llegué a Los Ángeles, alquilé un auto y fui a buscarla. De camino pasé por Sixto Meléndez, un bueno amigo y excelente camarógrafo, para que me ayudara a operar la cámara, pues yo quería disfrutar a lo máximo la entrevista con Alicia en el famoso muelle de Santa Mónica, como se lo había prometido en el albergue de Arriaga, donde la conocí. Antes de llegar a Santa Mónica pasamos al centro de Los Ángeles. Alicia quería conocer los rascacielos de esa ciudad, aún no la habían llevado ahí. Cuando la vi por primera vez tras mi llegada a Los Ángeles, era la misma mujer sonriente y optimista que había conocido en la frontera sur de México, aunque ahora sonreía aún más, y razones tenía de sobra para hacerlo. El día estaba despejado, el sol brillaba en todo su esplendor y la playa de Santa Mónica, como siempre, cubierta de gente. Se sentía una fiesta por cada lugar que caminábamos, las risas, la música y hasta el aleteo de las gaviotas hacían sentir que era un día para celebrar.

Los Ángeles, California | Mayo 2008

Pedro: Alicia, casi seis meses de travesía, muchos sufrimientos e incertidumbre a lo largo del camino, pero finalmente está acá.

Alicia: Fue una decisión pero bien determinante y gracias a Dios, aunque me estuve mucho tiempo, pero fue un éxito, verdad, porque para mí la idea más grande era estar acá en Los Ángeles, en Estados Unidos, gracias a Dios se me ha concedido. Valió la pena esperar ese tiempo en México porque pude realizar lo que yo más quería y aunque fue tardado, pero seguro.

Pedro: ¿Cuánto tiempo pasó en el camino, Alicia?

Alicia: Dos meses en Piedras, dos meses en Nogales, uno y feria para llegar a Torreón, pero se me fueron los meses bien rápido. Pensé que nunca iba a estar acá, verdad. Ese camino es muy largo, desesperante por momentos. Pero yo siempre he dicho, "Difícil pero no imposible". Cuando uno sueña algo y lo quiere, se realiza.

Pedro: ¿Por qué tanto tiempo?

Alicia: No había dinero, me hacía falta dinero, y eso es algo que a uno lo detiene, pues ya para cruzar se necesita pagar. No se puede tirar uno solo sin conocer. Tiene que venir uno con alguien, por eso me entretuve, y se me hizo realidad, verdad, pero me dieron el dinero que necesitaba para pagar. Cruzarse esa frontera tan apretados, tan bien amontonados. Ahí vienen hombres, mujeres, eso es bien difícil. Yo pienso que ya se han muerto algunas gentes que vienen en esas Vans [camionetas] que vienen muy amontonadas. Ya me habían dicho pero así no me imaginaba. Eso es bien feo, venir con un poco de gente encima, ahogándose, que le falte el aire, uno siente que se hacen largas las horas para que esa gente se quite.

La travesía de Alicia a lo largo de México fue muy dura, pero fue sin duda el desierto de Arizona lo que la dejó marcada, pues si bien su cruce por México en *la bestia* estuvo lleno de sufrimiento, incertidumbre y miedo, en Arizona se vio al borde de la muerte cuando los *coyotes* metieron a 50 migrantes en una camioneta tipo Van; ella quedó aplastada abajo.

De manera anticipada, los *polleros* les habían dicho a los migrantes indocumentados que la camioneta Van que los recogería a medio desierto, sólo pararía por unos instantes, y quien no lograra meterse se quedaría en el desierto. Alicia, como pudo, fue de las que entró primero, pero eso provocó que quedara debajo de la masa humana en que se habían convertido los 49 migrantes restantes, que como pudieron se empujaron hasta quedar como sardinas enlatadas encima de ella y de otros que también se me metieron al abrirse las puertas.

Como les advirtieron, la Van partió en cuestión de segundos, y es que en el desierto la Patrulla Fronteriza, mejor conocida como "migra", ronda con frecuencia, y los *coyotes* que van a recoger gente en vehículos al desierto tienen que entrar y salir en cuestión de minutos.

De acuerdo al relato de Alicia, la siguiente parada que hicieron después de recogerlos en el desierto fue en una de las llamadas "casa de seguridad" en Tucson, Arizona, para más tarde transportarlos por vehículos separados hasta la ciudad de Phoenix. Alicia y los que quedaron abajo sobrevivieron de milagro. Las casas de seguridad sirven como escondite temporal mientras los llevan a su destino final. En estas llamadas casas de seguridad, los *coyotes* llegan a meter hasta cien migrantes o más al mismo tiempo, sometiéndolos en ocasiones a vivir hacinados y sujetos a todo tipo de sufrimiento. Phoenix es la ciudad americana donde más casas de seguridad con migrantes se descubren anualmente. Muchos crímenes como violaciones sexuales, maltrato físico, secuestro o la misma muerte se registran en estas, malamente llamadas, "casas de seguridad".

La mujer salvadoreña prosiguió su narración, y revelando cómo logró cruzar la frontera México-Estados Unidos.

Alicia: Casi me muero, ya me venía asfixiando, yo les decía que me dejaran porque yo ya no podía respirar. Eso fue lo más difícil para mí porque dos días después de eso me sentía como que me había pasado una aplanadora por el cuerpo. Ahí sí yo pensé que no iba a vivir más porque mucha, mucha gente le meten a esos carros, no es cosa que van a venir diez, vienen muchos. Eso fue lo más difícil que yo sentí.

Pedro: ¿Pero cómo la cruzaron por el desierto si toda la frontera con Arizona tiene muro?

Alicia: Los mexicanos así son; esos nos les interesa que los gringos tengan a saber qué cosa en ese muro, pero a uno lo pasan. De una u otra manera ellos logran pasar esa gente, por escaleras, unos por túneles, pero la idea es pasar y ellos lo hacen.

Pedro: ¿Cómo pasó exactamente?

Alicia: Me subieron por una escalera y por el otro lado me brinqué esas láminas. El muro tiene unos cinco metros [de altura] pero hay partes que tienen cuatro, pero menos de cuatro ya no, porque es alto. Yo creo que tuve la buena suerte de caminar poco por el desierto; sólo caminamos un par de horas a donde nos fueron a recoger en la Van. Pero sé que hay gente que no lo logra, que caminan mucho por el desierto y se pierden o los dejan abandonados. Gracias a Dios que conmigo no fue así.

Pedro: ¿Cuánto tiempo duró en casas de seguridad?

Alicia: En Phoenix me estuve unos tres días en una casa y luego y agarramos para acá a Los Ángeles. En un auto, sólo veníamos cuatro personas, y ya lo peor había pasado. Porque lo más difícil fue salir de esa frontera a Phoenix; fue lo más difícil.

Pedro: ¿Está feliz porque alcanzó su sueño?

Alicia: Yo siempre dije: "Un día voy a estar en Estados Unidos", pues dije que no me iba morir sin estar acá, pues ahora digo, ya estoy aquí, que sea lo que Dios diga porque se me hizo realidad.

Pedro: De trabajo, ¿cómo le va?

Alicia: Pues aún no me puedo acomodar bien, pero sí me han salido algunos trabajitos de días o semanas. Eso sí, acá no es como nuestros países donde uno puede estar de balde, verdad, aquí es de trabajo y trabajar en donde sea, pero la idea es salir adelante salir de todos los problemas que uno tiene y la vida sigue. Si en nuestros países se ganan sólo 80 dólares a los quince días, aquí los ganamos en un día, hay, hay mejorías, aunque se trabajan más horas, es más cansado, más rápido, pero uno lo logra, aquí se rehace la vida.

Pedro: En el camino me dijo que sólo venía por tres años, ¿sigue con esa mentalidad?

Alicia: Pues yo pienso que sí. Cuando yo estoy en mi trabajo y estoy cansada digo: "Tres años y ya no más", pero al llegar a mi casa y sentirme más descansada digo: "¡Uy! [risas] sólo Dios sabe". Porque yo digo unos dos años aquí en los Ángeles y luego voy a Nueva Jersey a donde mis hermanos. Yo dije tres años nomás pero quién sabe, que sea lo que Dios quiera.

Pedro: ¿Qué recuerdos tiene de México?

Alicia: Ese camino en ese tren es muy difícil, es de pensarlo, es bien arriesgado, pero gracias a Dios lo logré, verdad. Hay mucha gente que no lo logra que queda en el camino, que le pasa cualquier cosa. Muchas historias se oyen en ese camino pero siempre he pensado que uno tiene que vivirlo para saber si es verdad.

Pedro: ¿La veo más delgada también?

Alicia: ¡Uy!, sí, mucho, sí he rebajado, ¿verdad?

Pedro: ¿Entonces sí ha perdido peso?

Alicia: A veces nos preguntamos con mis compañeras por qué en nuestro país no pensamos en rebajar, por qué nos dejamos engordar, pero aquí con más miedo uno deja de comer porque dicen que hasta el agua engorda [risas], pues es el miedo, verdad, porque uno no puede trabajar bien así gordo.

Después de las risas y del buen sentido del humor que no le conocía, Alicia cambió de tono; el tema de los hijos le cambiaba todo, aunque ya los había dejado mayores de edad y casados a la mayoría, no podía desprenderse por completo de ellos.

El día era aún joven, y el ambiente de alegría entre gente que iba y venía a un lado de donde estábamos, se fundía con la alegría que Alicia reflejaba en su rostro y en su mirada; aunque hablara de cosas tristes y su voz cambiara de tono, la alegría en sus ojos parecía ser permanente. Estaba viviendo el sueño de toda una vida y no había razón por la cual no estuviera gozando.

Alicia: Siempre he pensado ser independiente de mis hijos. Nunca he pensado en llegar a más años y depender de ellos. Siempre he querido ser, depender de mí misma, y eso es lo que estoy haciendo.

Pedro: ¿Bueno, ya está acá y eso es lo más importante?

Alicia: Quizás toda mi vida dije: "Voy a ir a Estados Unidos", y unas personas me decían: "Esa versión ha estado en voz por muchos años, yo creo que ya ni deberías de decir eso...", pero yo les dije: "Se va a llegar un día que sí", y aquí estoy.

De todos los migrantes que conocí durante la filmación de mi documental *La bestia*, Alicia es con quien mantengo mayor contacto. Ella nunca deja que pase un par de meses sin que me llame para saludarme. Y siempre que voy a Los Ángeles, hago lo posible por ir a visitarla, tomarnos un café y recordar los días aquellos que cruzábamos México en el lomo de *la bestia*.

En abril de 2011, Alicia cumplió tres años viviendo en Los Ángeles. Sin embargo, no todo ha sido color de rosa, principalmente en el trabajo, pues la falta de documentos legales no le ha permitido conseguir trabajo estable y permanente. Ha tenido empleos por varios meses, pero eventualmente los pierde y a empezar de nuevo.

Ahora que vive en la Unión Americana, se ha dado cuenta que las cosas no son tan fáciles como las platican los que viajan a visitar sus países de origen. "Los dólares no se barren con escobas, como yo lo creía cuando estaba en El Salvador; cuán equivocada estaba", me dijo Alicia en una ocasión.

Ahora que sus hijos le piden que les envíe dinero, ella trata de explicarles que a veces no hay trabajo, que no es fácil, que de este lado los gastos son muy altos, y es que en ocasiones apenas gana para seguir viviendo.

Sin embargo, por ahora ha descartado la posibilidad de regresar pronto a El Salvador. Después de vivir 15 años divorciada de su primer marido en su país natal, ha decidido rehacer su vida con una nueva pareja, y hay buenas posibilidades que en un par de años pueda solucionar su estatus migratorio. En cuanto lo logre, dice que irá a visitar a sus hijos y a su madre. Mientras tanto, viajar pronto a El Salvador no está entre sus planes.

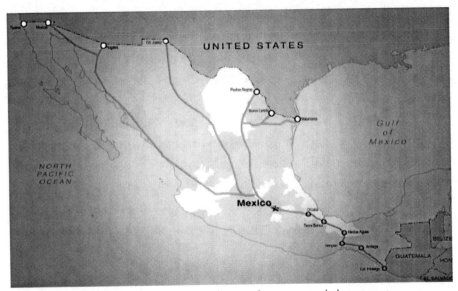

Este mapa de México muestra los puntos de entrada y trayecto de los migrantes centroamericanos.

Hiram González, periodista independiente, proveyó apoyo logístico y de cámara para la realización del documental *La bestia*, acompañado del Padre Flor María Rigoni, director del Albergue "Belén" en Tapachula, Chiapas.

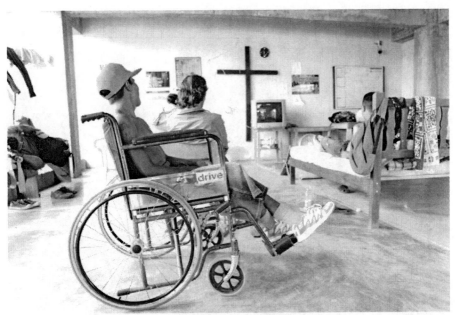

Migrantes descansan en un cuarto del Albergue "Hogar de la Misericordia", en Arriaga, Chiapas.

El comedor del Albergue "Hermanos en el Camino", en Ixtepec, Oaxaca. Ahí se recibió a familias de migrantes de la "Caravana Paso a Paso Hacia la Paz".

Alfredo, un migrante guatemalteco, viajando sobre el techo de la bestia. Luis Alberto Hernández Custodio (atrás; segundo de izq. a der.), un migrante salvadoreño, se perdería tiempo después en las aguas del Río Bravo.

La escena de migrantes centroamericanos viajando sobre los trenes cargueros mexicanos es un emblema cotidiano de este fenómeno demográfico.

Con fotos y letreros, familias de migrantes centroamericanos desaparecidos los buscaron en México durante el recorrido de la "Caravana Paso a Paso Hacia la Paz".

En Oaxaca, funcionarios de la Caravana sostuvieron pláticas en el Albergue "Hermanos en el Camino". El Padre Solalinde recibió a Felipe González, Relator de la Comisión Interamericana de Derechos Humanos (segundo de der. a izq.).

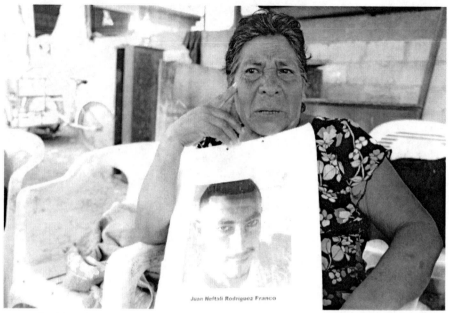

Manuela de Jesús Franco, madre del migrante guatemalteco desaparecido Juan Neftalí Rodríguez Franco, fue parte la "Caravana Paso a Paso Hacia la Paz".

Rosendo López Mejicanos, padre del migrante guatemalteco desaparecido Marcelo López Vásquez, durante la Caravana.

El 9 de noviembre de 2011, el cuerpo sin vida de un migrante centroamericano fue encontrado en Ixtepec, Oaxaca, junto a la estación del ferrocarril. Su identidad no logró establecerse. (Foto cortesía de José Alberto Donis Rodríguez | Albergue "Hermanos en el Camino").

Patrona, Veracruz, en México, es un poblado caracterizado por un grupo de mujeres conocidas como "Las Patronas", quienes a las orillas de las vías del tren ofrecen agua y comida a migrantes centroamericanos que van en plena marcha sobre la bestia.

Albergue "Jesús El Buen Pastor del Pobre y el Emigrante"

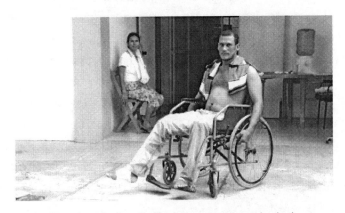

El albergue de los mutilados y víctimas de *la bestia*
Tapachula, Chiapas, México

A lo largo de 20 años de carrera periodística he visto y he cubierto noticias de todo tipo, principalmente historias relacionadas con tragedias humanas.

Pero nada me había preparado para encontrarme frente a frente con los migrantes mutilados que viven en el Albergue Jesús el Buen Pastor del Pobre y el Emigrante, mejor conocido como el "albergue de Doña Olga", como todo mundo llama a Olga Sánchez, la fundadora y directora de dicho lugar. Aunque hay muchas personas que se refieren a este sitio como el "albergue de los mutilados", debido a que la mayoría de sus residentes han perdido alguna extremidad de su cuerpo en los trenes de carga mexicanos.

El albergue de Doña Olga es muy diferente al resto de los otros albergues de migrantes en México. Este lugar no es para dar posada y comida a quienes van de paso. Aquí sólo llegan los migrantes víctimas de los accidentes en los trenes cargueros, los que se han caído, los que han tumbado o quienes han sido golpeados por autoridades o asaltantes y no tienen a dónde ir.

La primera vez que lo visité fue en octubre del año 2007. El impacto fue instantáneo desde el momento que crucé ese portón blanco que se interpone entre el mundo exterior y las desgarradoras historias que ahí se esconden. Historias de migrantes que pasean en sillas de ruedas o que se encuentran postrados en alguna cama sin la posibilidad de moverse por sí mismos.

Doña Olga estaba ahí esperándome como previamente habíamos acordado para realizar una entrevista y que se me permitiera filmar dentro de su albergue. Lo primero que mis ojos encontraron al cruzar ese portón, fue a una joven mujer siendo empujada en su silla de ruedas por dos niños de entre seis y ocho años. Luego sabría que se llama Eva García Suazo, que es originaria de Honduras, que vivía en el albergue y que *la bestia* le había arrebatado ambas piernas. Su historia la narré anteriormente en este libro.

Al fondo del albergue se veían otros migrantes también postrados en sillas de ruedas, sentados en algún rincón o recargados a las paredes de color blanco con vivos verdes, en las esquinas y los pilares que van al centro, y en los marcos de los techos de este complejo de varias habitaciones. El albergue tiene un amplio patio con piso de cemento donde los migrantes y los niños pueden desplazarse a su mejor antojo.

Este refugio para migrantes en desgracia se encuentra en una de las colonias pobres al poniente del centro de la ciudad de Tapachula, Chiapas, en un área rodeada por frondosa vegetación y árboles de tamaño elevado. Aquí todos los migrantes arrastran una triste historia que contar: a todos los ha mutilado el tren o han sido golpeados o macheteados por asaltantes o autoridades mexicanas que encontraron en el camino.

La señora Olga me dio un recorrido por las instalaciones del lugar mientras me platicaba sobre los migrantes que recibe y los casos tan dramáticos que le han llegado. También habló sobre la discriminación que existe en México, principalmente contra migrantes centroamericanos.

Así comenzábamos la charla mientras dábamos inicio al recorrido por el edificio del albergue bajo el ardiente sol y la sofocante humedad típica del estado de Chiapas, en el sureste mexicano.

Pedro: Doña Olga, ¿a quién tiene en este albergue, veo que no son los tradicionales migrantes que van de paso?

Doña Olga: Pues "basura", así me dicen algunos de manera despectiva: "¿Para qué lleva basura a su albergue?" Y es que aquí llegan migrantes que ya vienen sin piernas o sin brazos o baleados o macheteados o enfermos que van en el camino y que les pega la deficiencia [sic] renal; me imagino que ya venían enfermos, se ponen graves, vienen a caer acá.

Pedro: ¿Es muy cruel este camino para ellos?

Doña Olga: El migrante, desde que entra al territorio chiapaneco, vive un infierno porque aquí los cazan como venaditos: "Dame dinero, bájate la ropa, dame los zapatos, dame lo que traes, porque si no, no te dejamos caminar". Y así van por todo el camino siendo robados y golpeados los pobres.

Pero doña Olga también alberga a mexicanos enfermos o que carecen de algún familiar que les brinde ayuda. Del mismo modo, el albergue funge como asilo para algunos ancianos que son abandonados por su propia familia, quienes pasan aquí sus últimos días. Sin embargo, el 90 por ciento de los residentes de este lugar son migrantes centroamericanos que han sido mutilados por los trenes.

Con esa mirada triste que la distingue y su tranquila voz, doña Olga seguía mostrándome el albergue y contándome más detalles de los migrantes a quienes da cobijo.

Doña Olga: Algunos testimonios de ellos mismos me dicen que cuando caen del tren es un aire que los chupa pa' dentro, y cuando sienten ya no tienen las piernas, pero es en segundos, dicen.

Pedro: ¿Cuáles son los casos más fuertes, los que más la han impactado?

Doña Olga: Los casos más grandes que me dejan marcada son los que se mueren. Sobre todo el de un muchacho que fue macheteado y le dieron, no me acuerdo si 25 machetazos; fue un asalto que les hicieron y se murió. Tenía 19 años. Ese sí me dejó marcada porque él me decía, "No me deje morir..." Y ya estaba muy partido y se murió.

Pedro: ¿De dónde era?

Doña Olga: De El Salvador.

Entre los migrantes que doña Olga me presentó mientras recorríamos el albergue, está Eva García Suazo, la joven mujer en silla de ruedas que me llamó la atención desde que entré. Su historia es parte del documental

La bestia y como hago notar anteriormente, la historia de Eva la relaté también en este libro. El caso de esta joven mujer me impactó mucho por tratarse de una joven madre de tres hijos que inicialmente había dejado en Honduras, su país natal, para tratar de ir a Estados Unidos a trabajar y sacarlos adelante, pero le fue peor. Tenía 23 años de edad cuando se cayó del tren y perdió ambas piernas.

Eva es uno de los muchos casos de migrantes que han vivido en este albergue, de personas que fueron traídas en algunas ocasiones por las mismas autoridades migratorias mexicanas.

Pero en el albergue de Doña Olga son más los migrantes que llegan a diario que los que se van. No obstante, quienes abandonan este lugar, van más preparados para enfrentar su nueva vida ya sea porque fueron sometidos a varias operaciones y su condición de salud mejoró, o porque ahora tienen una silla de ruedas o prótesis que les permitirán desplazarse más fácilmente por sí mismos.

En este sitio, los migrantes adquieren conocimientos para desarrollar varias actividades como bordar a mano o con máquina de costura. También se cuenta con una panadería donde los mismos migrantes hornean el pan que es vendido en las escuelas. Algunos de ellos aprenden a hacer otras manualidades como canastos usando como materia prima la hoja de palma, entre otras. Lo que aquí realizan les permite ganarse la vida mientras aprenden algo que les puede ser útil cuando regresen a su país de origen, pero lo más importante es que aprenden a aceptar su nueva condición física y emocional.

Los recién llegados vienen arrastrando una triste historia tras ellos, cargando con una tragedia que los ha dejado postrados a una cama o una silla de ruedas y sin varias extremidades de sus cuerpos.

En mi más reciente visita al albergue de doña Olga en el verano de 2011, había más migrantes lesionados que la última vez que fui, tres años antes. El problema, me dijo doña Olga, es que ahora son más los asaltados, secuestrados o golpeados por miembros del crimen organizado o los rateros comunes, y el tipo de agravio que se está registrando es más violento, más agresivo que nunca antes. Aunque también los migrantes siguen lesionándose al caerse de los trenes, pero a menor escala.

Entre los nuevos casos que conocí hubo dos que me tocaron muy hondo, y habían ocurrido muy recientemente; uno se había caído del tren y el otro había sido golpeado a machetazos.

Gertrudis, un joven de apenas 16 años de edad, de tez blanca y carita redonda, poseedor de una sonrisa de persona inquieta e hiperactiva, se cayó del tren en el poblado de Lechería, a las afueras de la ciudad de México, el 17 de abril de 2011, apenas cuatro meses antes de mi visita. En el accidente perdió ambas piernas; el tren se las arrancó desde arriba. Apenas se le veían los pequeños trozos o muñones que le quedaron como piernas. Cuando lo conocí ya había sido sometido a dos operaciones y estaba a la espera de una tercera.

Gertrudis es originario de Honduras y se dirigía a Los Ángeles, California, con un amigo. El mismo Instituto Nacional de Migración lo llevó al albergue de doña Olga después del accidente. Su madre, quien viajó desde Honduras para estar a su cuidado durante y después de las operaciones a las que tenía que ser sometido, me comentó que su hijo no quería regresar a su país de natal, ya que le incomodaba que lo vieran de eso modo, sin piernas.

Curiosamente, Gertrudis lucía muy sonriente ese día que llegué al albergue. Jugaba "damas chinas" con otros compañeros de desgracia y, entre risas y bromas, Gertrudis iba ganando. Tenía una energía y una actitud tan positiva hacia la vida que no parecía que apenas unos meses antes había perdido sus piernas. Todo indicaba que a su corta edad no comprendiera la magnitud de lo que le había ocurrido.

Pero no todo era como lo aparentaba, me dijo su madre. Con ojos llorosos por la tragedia que su familia estaba viviendo desde el accidente de su hijo, me contó que varias veces lo ha descubierto llorando a solas.

Al tiempo de mi visita, Gertrudis estaba a la espera de una operación más que le corregiría un problema que le quedó desde la última operación, una complicación que evitaba que pudiera usar las prótesis que doña Olga le había conseguido.

También conocí a Francisco, un migrante nicaragüense alto y moreno de 33 años de edad, quien casi pierde su pie derecho tras recibir varios machetazos por un ladrón cuando recién había cruzado a México en las balsas del Río Suchiate.

Francisco, como la mayoría de los migrantes de paso por México, tenía como destino Estados Unidos. Quería llegar al famoso "país de las oportunidades" porque le habían dicho que allá podía conseguir un buen empleo y ganar mucho dinero.

El día que lo asaltaron acababa de cruzar a México. Como no traía dinero, consiguió un trabajo cargando y descargando bultos de las balsas que cruzan mercancía por el Río Suchiate, entre las ciudades fronterizas de Tecún Umán, Guatemala y Ciudad Hidalgo, Chiapas, en México. Me comentó que mientras trabajaba, un muchacho relativamente joven le pidió 50 pesos mexicanos, y como no se los dio porque no traía, el joven se retiró molesto, no sin antes amenazarlo de que regresaría a golpearlo.

Francisco jamás se imaginó que la amenaza había sido en serio. Más tarde, mientras descansaba en una hamaca bajo la sombra de un árbol a la orilla del río, lo despertaron los machetazos.

El joven asaltante había regresado armado con un machete y, aprovechando que Francisco estaba dormido, empezó a darle de golpes con la punzocortante hoja de acero. Francisco despertó de inmediato y trató de defenderse, pero ya le habían dado siete machetazos en su pierna derecha. Dice que tuvo suerte que otros hombres que estaban cerca lo defendieran, si no quizás lo hubiera matado ahí donde estaba acostado.

Todas las historias de los migrantes mutilados del albergue de doña Olga son dramáticas y desgarradoras. Cada una es profunda y dolorosa.

En el recorrido por su albergue, Doña Olga también me dijo que el gobierno y las autoridades de su país tienen muy olvidado al sureste de México, y que por eso los migrantes son presa fácil de cualquier gente.

Doña Olga: Aquí no hay ninguna protección para el migrante. Aquí autoridades, aquí gente particular y aquí bandas de asaltantes y, todo aquel que puede, le roba al migrante. Entran con miedo, viene con miedo y no conocen, son presas fáciles de todos... Nosotros estamos muy abandonados por acá en Tapachula; aquí en Chiapas estamos bastante abandonados por las mismas autoridades, por las mismas informaciones. Yo siento que hay mucho abandono a esta frontera. Hay mucha discriminación, mucha, mucha, mucha. Estamos bien atrasados aquí en Chiapas... Ahora sí que la policía no se tienta el corazón para agredir a los migrantes, definitivamente no tiene caridad para atentar contra el migrante. No hay respeto a sus derechos, no hay validez a nada. Ellos no tienen ni voz ni voto en este país.

La historia del albergue de Doña Olga es tan dura y triste cómo la misma travesía de los migrantes. Aquí hay que luchar todos los días para conseguir la comida, los médicos que quieran tratar a los enfermos u operarlos de manera gratuita o a bajo costo. Los cobros de electricidad, en ocasiones, se han acumulado por meses, alcanzando cifras de decenas de miles de pesos y doña Olga, como puede, tiene que sacar para pagar porque no cuenta con ayuda alguna.

El albergue tiene capacidad para 50 personas pero ha llegado a tener hasta 60. Algunos de los migrantes se quedan aquí por años y muchas de las veces algún miembro de su familia se viene a vivir con ellos para cuidarlos, la madre principalmente, como en el caso de Gertrudis, o si tienen hijos, como Eva, terminan trayéndolos a México para estar juntos. Doña Olga es como una madre para estas personas y, en muchas ocasiones, su única esperanza.

Perfil de Olga Sánchez Martínez
Abnegada labor humanitaria

Nació un 12 de marzo de 1959 en Tuxtla Chico, Chiapas, México. Siendo niña, Olga fue desahuciada por los médicos debido a una enfermedad terminal, pero "Dios tenía otros planes para ella" y le "permitió vivir". Olga prometió que de salvarse, dedicaría su vida a ayudar a personas en desgracia, sobre todo a enfermos, y tiempo después inició su obra.

El 11 de septiembre de 1990 visitó por primera vez un hospital de Tapachula. Ahí fue donde descubrió que la mayoría de los enfermos eran migrantes mutilados por los trenes o macheteados por asaltantes, y a la mayoría de ellos no los atendían debidamente, incluso algunos estaban en la calle, porque no había espacio para todos.

Destrozada por el cuadro que veía cada vez que iba al hospital, empezó a llevarse migrantes a su propio hogar para cuidarlos y curarlos. Pero luego su casa se le hizo chica y los migrantes seguían llegando. A doña Olga, en muchas ocasiones, le tocó pedir dinero en las calles para mantenerlos. Cuando su mismo hogar ya no tenía espacio para albergar tanta gente, Olga consiguió prestado un pequeño cuarto que fungió como albergue, aunque éste fue sólo por unos meses.

Después le prestarían otro espacio más grande en el cual duró siete años, hasta que eventualmente compró un terreno para construir el albergue que tiene en la actualidad. Dicho albergue fue construido por los mismos migrantes enfermos y lesionados; todos contribuían de alguna forma para levantarlo. En el año 2004, algunos migrantes enfermos se mudaron al albergue cuando aún estaba en construcción. En el 2005 se concluyó la obra y desde entonces ha sido la casa de migrantes mutilados o de mexicanos enfermos, sobre todo de la tercera edad que no tienen hogar.

Hasta el día de hoy, doña Olga continúa trabajando diariamente para sacar adelante su albergue, ya sea consiguiendo donativos o vendiendo los productos o piezas artesanales que realizan en el mismo albergue, en un mercado de la ciudad de Tapachula.

Su labor humanitaria ha hecho a Olga Sánchez Martínez recipiente de varios reconocimientos nacionales, incluyendo el Premio Nacional de Derechos Humanos, en el año 2004.

Olga Sánchez Martínez tiene 52 años de edad, es madre de tres hijos, y además, en el año 2008, adoptó a un niño recién nacido que tiene una válvula en el cerebro. No ve, no oye bien, no camina, no come alimentos sólidos y fue diagnosticado con microcefalia, un padecimiento que impide que el cerebro se desarrolle a su tamaño normal. Ángel Moisés, como lo llamó doña Olga, es ahora su cuarto hijo.

Olga Sánchez está casada y es la tercera de 13 hermanos. Sus estudios sólo llegaron hasta el segundo grado de primaria.

Dentro del amplio abanico de peligros y abusos que viven los migrantes centroamericanos, la humilde como admirable obra de Doña Olga representa un bálsamo en medio del mar para los migrantes que sienten que lo han perdido todo tras su tragedia. La enorme compasión y calidad humana de esta señora, representa una esperanza de cuidado y auxilio para quienes llegan a su albergue de manera temporal, ya sea para recuperarse física y emocionalmente o para quedarse a vivir de manera permanente.

"¿Dónde quedaron nuestros valores, dónde quedó la justicia...?"

"Samuel", migrante anónimo | Edad: 38 años
País de origen: Guatemala
Destino: San Francisco, California
Segundo viaje en *la bestia*

Uno de los testimonios de migrantes que más me estremeció mientras filmaba el documental *La bestia*, es sin duda el de un guatemalteco que cruzaba México de manera ilegal por segunda vez en 20 años. La historia que me contó con lágrimas en los ojos era desgarradora a pesar de no haberle ocurrido directamente a él, sino a otros migrantes que viajaban en su mismo grupo.

El crimen del que este migrante fue testigo, había ocurrido dos días antes de esa tarde nublada cuando platicamos sentados en el suelo, a un costado de las vías del tren y recargados a una tela ciclónica que protegía parte de la estación ferroviaria de Tierra Blanca, Veracruz.

"Samuel", cómo llamaré a este migrante que me pidió mantener su identidad anónima, tenía 38 años de edad. Era de piel morena, con rasgos indígenas y de una estatura aproximada al metro con 70 centímetros.

Me arrimé a él porque lo miré sentado solo a la distancia, recargado a la cerca de la estación de tren. Su rostro le colgaba de tristeza. Parecía vivir despierto una pesadilla. Trataba de asimilar lo que había visto un par de días antes, pero era imposible porque acababa de ocurrir. Las imágenes y los gritos de llanto que presenció aún remolinaban por su mente. Sentía el dolor ajeno como su propio dolor.

Muchas cosas había escuchado sobre la travesía por México, pero jamás pensó que las historias que le contaban sus compatriotas centroamericanos en San Francisco, California, se aproximaran a la verdad. Pensaba que la gente que le narraba esas historias de violentos asaltos, abusos sexuales o asesinatos a migrantes de paso por México, exageraba demasiado. Sabía que existían, pero no al nivel que le platicaban. Le parecían historias de ficción, dignas de alguna película de terror. No podía aceptar que los países latinoamericanos se hubieran convertido prácticamente en territorios sin ley en los 20 años que llevaba sin salir de Estados Unidos, hasta que lo vivió en carne propia.

Samuel se veía diferente a la mayoría de migrantes que conocí. Era muy elocuente en su forma de hablar, refinado en su manera de actuar y en su comportamiento, y hasta en su forma de vestir. No parecía un migrante típico que sale del pueblo o de las colonias pobres de algún país centroamericano en busca de mejor vida. Él ya había logrado esa mejor vida en Estados Unidos. Tenía una esposa a quien decía amar y dos hijos maravillosos que adoraba.

Samuel hizo una carrera en mercadotecnia y gozaba de un buen trabajo estable que lo esperaba en la llamada Bahía de San Francisco, California.

Él era de esos migrantes que alcanzaron el famoso "sueño americano" y que se había adaptado perfectamente a la cultura de ese país, aunque aún vivía como indocumentado en la Unión Americana.

La primera vez que cruzó de manera ilegal por México fue a finales de los años 80. En esa época no había nada de lo que encontró esta vez. Esta era la primera ocasión que salía de Estados Unidos desde que llegó en 1989 y esperaba nunca más volver a salir, cuando menos no para regresar a algún país latinoamericano, aunque éste fuera su propio país.

Lo que vio y lo que vivió en el estado de Tabasco, en México, lo había dejado aterrorizado y muy avergonzado de haber atestiguado en lo que se han convertido los países latinos. "No quiero nunca más regresar acá", me dijo con tono de voz muy convincente y una mirada que escupía indignación y coraje.

Samuel tuvo que regresar a su natal Guatemala para darle sepultura a su padre quien había fallecido hacía dos semanas. Nunca antes pudo volver porque su estatus migratorio en Estados Unidos es irregular.

Vivía cómo 12 millones más de latinos en la Unión Americana, indocumentado, pero él me aseguró que no se sentía como tal porque aprendió a hablar inglés y tuvo la oportunidad de estudiar una carrera. Además tenía licencia de conducir expedida cuando no era necesario todavía mostrar residencia legal o ciudadanía en California, y cada vez que se vencía la renovaba por Internet, sin la necesidad que le pidieran documentos legales. Me contó también que llevaba una vida de familia bastante tranquila y nunca se había metido en problemas con la justicia.

Samuel hacía su vida más al estilo americano que al tipo de vida de un latino que llega al mencionado país de las oportunidades a trabajar y nunca aprende el idioma inglés ni se adapta a la nueva cultura, porque quiere seguir viviendo en Estados Unidos como si aún estuviera en su país de origen.

Después de sepultar a su padre y visitar a familiares y amigos que no había visto por casi dos décadas, Samuel emprendió su camino al norte. Tenía una familia que lo esperaba en el país que él ya consideraba suyo. Se arriesgó a cruzar México en los trenes porque no tenía otra manera de llegar a la frontera norte. Entró de Guatemala a México por Tenosique, en el estado de Tabasco, y de inmediato se unió a un grupo de migrantes que conoció al cruzar.

La primera noche caminaron más de ocho horas. Era un grupo de 12 migrantes incluyendo un matrimonio joven de Honduras. Viajando junto a los demás se sentía seguro, creía que sería difícil que alguien atentara contra ellos. Pensó que a un grupo de ese tamaño donde la mayoría eran hombres, nos les harían nada, que entre todos podrían defenderse.

Me comentó que mientras caminaban en la oscuridad de la noche, recordó las historias que le habían contado algunos paisanos suyos en California, pero siguió pensando que eran exageraciones, que ese tipo de crímenes tan violentos no podían existir, mucho menos en contra de migrantes que no llevaban qué robarles.

Para su mala suerte, no tardaría mucho en comprobar en carne propia la veracidad de las historias que le contaban sus compatriotas en San Francisco. Caminaba por campos minados y no se daba cuenta, o nunca quiso creer. La realidad lo despertó del letargo que vivía. Los caminos por donde él pasó dos décadas atrás no eran los mismos; quizás lo que le habían platicado era el equivalente a un rasguño comparado con los zarpazos que estaba a punto de vivir.

El día empezaba a despertar. La alborada bañó de bellos tonos los verdes montes de frondosa vegetación mientras ellos seguían caminando muy cerca de las vías del ferrocarril. Sus cuerpos estaban sanos y fuertes y sus pies aún muy resistentes, pues era su primera noche de aventura por territorio mexicano.

El cansancio aún no hacía estragos en su humanidad. La ilusión y la esperanza de lograr sus objetivos les daba energía. Sabían que el camino era largo y el terreno espinoso, pero tenían la certeza que cruzarían México sin problema alguno. Según Samuel, de eso platicaban mientras seguían avanzando, al tiempo que se daban valor unos a otros y se sentían más fuertes y capaces de vencer las adversidades del camino.

Pero sus pensamientos y sus sueños sonaron muy fuerte. En esos senderos del infierno de la llamada "frontera olvidada", parece como que el viento y los árboles fueran mensajeros de depredadores humanos que rondan las vías o los montes por donde cruzan los migrantes para luego atacarlos como indefensas presas... allá donde la soledad y la falta de auxilio son cómplices de asaltantes, violadores y asesinos.

Samuel y el resto de los migrantes que viajaban juntos, fueron presa de tres empistolados. Serían como las seis de la mañana. Samuel no tenía muy exacto el tiempo pero creía que era alrededor de esa hora, cuando de entre la densa vegetación, los tres hombres con pistolas en mano les cortaron el paso.

Los maleantes no pasaban de los 30 años de edad, calculó Samuel. Dos de ellos tenían acento salvadoreño y el tercero sonaba a mexicano. Los tres tenían aspecto de pandilleros, ya que los delataban los múltiples tatuajes que les cubrían hasta el cuello. Estaban ebrios o drogados y cada uno les amenazaba con una pistola en la mano. Ahí se dio cuenta que por muchos que ellos fueran en número, no podrían defenderse. Se le vino el mundo abajo y se preparó para todo.

Samuel pensó en su esposa y sus hijos, y una vez más recordó los testimonios que le contaron sus amigos. Jamás se imaginó que terminaría siendo protagonista de esas historias que en varias ocasiones había catalogado de ficticias y de relatos muy exagerados de sus paisanos.

Lo primero que hicieron los asaltantes fue despojarlos de cuanta pertenencia traían sobre ellos, mientras los encañonaban con las armas y los intimidaban a gritos. Les registraron los bolsillos y las mochilas y los forzaron a desnudarse a todos, incluyendo a la joven mujer que viajaba con su esposo.

Una vez desnudos, les registraron sus partes privadas para asegurarse que no escondían el dinero en los lugares más íntimos de sus cuerpos. Les metían los dedos, les metían la mano, los manoseaban con violencia mientras les exigían que sacaran dinero de donde no traían. A varios de ellos los golpearon con las cachas de las pistolas en la cabeza por oponer resistencia, pero no había otra alternativa y tenían que acceder.

Samuel estaba muerto de miedo y les dio cuanto traía; su vida era más valiosa que lo que podían robarle. Si ya le estaban robando la dignidad qué más daba que le quitaran el poco dinero que traía con él, pensaba entre sí.

Nunca en su vida, dice Samuel, se había sentido tan impotente y humillado. Llegó a pensar que estaba dormido viviendo una pesadilla, pero el frío cañón de la pistola que le pusieron en la frente le confirmó que estaba despierto y lo que estaba enfrentando era tan real como el aire que respiraba.

Luego vino lo peor, cuando uno de ellos, el más bajito de estatura de los tres, "flaco y con ojos hundidos pero mirada diabólica" —como me lo describió Samuel— registró a la muchacha hondureña quien se escondía tras el desnudo cuerpo de su marido. Le empezó a tocar los senos y el trasero. El joven esposo quiso defenderla pero pronto lo doblaron de un golpe con la cacha de la pistola en plena cara.

La mujer empezó a llorar de una manera histérica, y estando aún completamente desnuda cómo los tenían a todos para entonces, el individuo descrito como "flaco ojos hundidos" que estaba cubierto de tatuajes hasta por el cuello, se bajó los pantalones e intentó violarla, mientras la joven migrante se abrazaba al cuerpo de su esposo que intentaba levantarse del suelo tras el golpe. Su oposición a los deseos animales de ese joven criminal de acento salvadoreño —quien según Samuel no aparentaba más de 25 años de edad— la hizo acreedora a un par de patadas en plena espalda, y luego la jaló del pelo para desprenderla del cuerpo de su marido.

Los otros dos pandilleros le exigieron al resto del grupo sentarse amontonados unos cerca de otros, mientras les apuntaban con las pistolas y los amenazaban gritándoles que al primer movimiento no dudarían en disparar. Luego empujaron de una patada al marido de la joven mujer con el resto del grupo, y ahí, a escasos metros de donde los tenían encañonados y frente a sus propios ojos, empezaron a violar a la migrante hondureña.

Nadie podía hacer nada, no tenían con qué defenderse y estaban desnudos. Algunos, como Samuel, lloraban en silencio mientras sentían el cañón de la pistola que les apuntaba a la cabeza y la imaginaban escupiendo fuego en su frente. El llanto desgarrador de la joven mujer se perdía en lo denso de la vegetación. El día despertaba cada vez más pero no había quien los viera ni los defendiera.

El esposo también lloraba y les suplicaba que la dejaran en paz o que por lo menos no lo hicieran frente a todos; sus súplicas lo hicieron ganador de fuertes golpes. Los tres pandilleros se turnaron para violarla y el que iba terminando su despiadado acto, tomaba su arma y se dirigía a encañonar al grupo de migrantes que tenían sometidos y con miedo de mover un sólo dedo por temor a recibir una bala en la cabeza.

El que Samuel describió como "mexicano" fue el último en violar a la mujer. Para entonces, el llanto de la joven hondureña se había transformado en risa. Según Samuel, era como un ataque de risa que no podía contener, incluso la golpearon un par de veces para que parara de reír, pero ella seguía, sin embargo así la ultrajó el último ladrón.

Ellos estaban en estado de shock, nadie se movía, nadie respiraba, sólo se escuchaban sollozos en silencio entre el grupo de migrantes desnudos en el suelo, quienes escondían sus cabezas entre las piernas para evitar ver el acto salvaje e inhumano al que estaban sometiendo a esa mujer, quien según Samuel parecía tener no más de 22 años de edad.

Cuando acabaron con ella, furiosos por las quejas y súplicas del marido, "el flaco ojos hundidos" lo jaló del pelo y lo separó un par de metros del resto del grupo, le dio un cachazo en la cabeza y lo volteó boca abajo, y en un acto que parecía sacado de la película de terror más salvaje e inhumana nunca antes filmada, el pandillero trató de meterle el cañón de la pistola por el trasero por haberse quejado mientras violaban a su esposa.

Dicho acto del joven pandillero de apariencia esquelética, hizo romper en una sonora carcajada al "mexicano" y al otro "salvadoreño". Finalmente, lo dejó ahí tirado en el suelo sin lograr completamente su objetivo, aunque según Samuel, si logró penetrarle la punta de la pistola. Antes de retirarse, uno de los pandilleros les dijo con el cinismo más grande que Samuel nunca antes había escuchado por otro ser humano: "La próxima vez traigan más mujeres para que por lo menos nos toque una a cada uno".

Los tres asaltantes y violadores de migrantes se esfumaron en el denso monte así como llegaron. Los agraviados se apresuraron a buscar su ropa para vestirse y ayudar a la pareja violada. Como pudieron levantaron a la joven mujer que aún no paraba de reír a carcajada abierta. Se había quedado en una especie de transe del cual no podía escapar.

Nadie sabía qué hacer ni cómo actuar, pero querían salir de ese lugar lo antes posible por temor a que los ladrones regresaran o llegaran otros. Asistieron a la joven pareja a vestirse y apoyándolos sobre sus hombros los ayudaron a caminar. La mujer continuó con su ataque de risa el cual se mezclaba con sus lágrimas, hasta que paró de reír de un sólo golpe. De la risa, pasó a un profundo e inconsolable llanto.

Dos horas más tarde llegaron a un pueblo del que Samuel no recordaba el nombre, pidieron auxilio en una casa y ahí dejaron a la pareja. Samuel y el resto del grupo continuaron el camino. Ese mismo día tomaron un tren que los dejó en Medias Aguas, Veracruz, y al día siguiente llegaron en otro tren a Tierra Blanca, sitio en donde yo lo conocí.

Samuel estaba indignado, aún furioso, pero con miedo de toparse de nuevo con los rateros violadores. Jamás se imaginó que un ser humano tuviera tanta maldad y que pudiera hacer tanto daño a personas indefensas que solamente huían de su país de origen en busca de un mejor futuro.

Durante la plática, Samuel nunca paró de llorar. Era la impotencia que sentía, me dijo. Era la humillación a la que fueron sometidos, y era el dolor de ese joven matrimonio hondureño, que ahora él también llevaba clavado en el corazón.

"¿Dónde quedaron nuestros valores, dónde quedó la justicia y en qué se han convertido nuestros países latinoamericanos?", se cuestionaba él mismo. "Me negaba a creer lo que me contaban y terminé viviéndolo en carne propia".

Su madre murió cuando él aún era niño y sólo le había quedado su padre. Ahora que acaba de sepultarlo, me dijo que ya no tenía motivo alguno para regresar nunca más, ni aunque llegara a legalizarse. Sólo esperaba poder cruzar de nuevo al país que por 20 años lo había adoptado y lo trataba muy bien.

Después de esa plática me despedí de Samuel y lo dejé ahí sentado donde lo encontré. En mi mente aún viven sus lágrimas y su relato. El ataque de risa y de llanto de esa joven mujer que no conocí pero la imagino cuando recuerdo la historia, y los gritos de súplica de su esposo que Samuel me describió, también los llevo muy dentro, cómo si yo mismo los hubiera presenciado.

Esa fue la única vez que vi a Samuel. Supe que esa noche salió un tren y muchos migrantes lograron abordarlo, entre ellos ese migrante guatemalteco. El camino aún era largo para llegar a la frontera norte; todavía les tocaba recorrer una tercera parte del territorio mexicano.

Sólo espero que Samuel haya logrado cruzar y que ahora esté con su esposa y sus dos hijos de regreso en California. Espero también que ese joven matrimonio hondureño se encuentren bien donde quiera que estén, y que poco a poco vayan superando el trauma que vivieron en su paso por México.

"Trabajando como un esclavo..."

Julio Monjibar | Edad: 28 años
País de origen: El Salvador
Destino: Houston, Texas
Primer viaje en *la bestia*

J ulio es uno de los migrantes centroamericanos más divertidos e ingenuos que conocí en la travesía por México mientras filmaba el documental *La bestia*. Era la primera vez que intentaba llegar a los Estados Unidos e iba muy ilusionado. Les había prometido a sus padres en El Salvador construirles una casa, y eso era lo que más lo impulsaba a llegar a la Unión Americana.

Como muchos migrantes que no han estado en el país del norte con anterioridad, Julio creía que sólo era cuestión de llegar y el trabajo ya lo estaría esperando. Este joven salvadoreño que nunca antes había salido de su país de origen iba tan emocionado que la travesía por México le parecía una aventura divertida e interesante.

Cuando menos eso pensaba cuando lo conocí en Arriaga, Chiapas, México [ubicada a 275 kilómetros al norte de la frontera con Guatemala], antes de subirse por primera vez a la llamada *bestia*. Pero todo cambiaría semanas más adelante cuando se enfrentara a la dureza del viaje y a la realidad de vivir en Estados Unidos de manera ilegal, esclavizado por sus patrones, como terminó viviendo.

Julio es de complexión delgada, piel morena y de rostro pequeño y afilado, aunque se distingue más por su peculiar forma de hablar. Platica muy de prisa y con frecuencia se dificulta entender lo que dice. Además tiene un singular tono de voz muy ladino que a veces parece estar chiflando, y como si fuera poco, mueve tanto las manos al hablar que no se sabe si es su voz o son chillidos que le saca al viento de tanto balancear sus manos cuando platica.

La primera vez que vi a Julio fue en octubre de 2007, en el albergue para migrantes "Hogar de la Misericordia", en Arriaga, Chiapas. Estaba sentado en la acera del albergue junto a más de diez migrantes centroamericanos, entre ellos su hermano Pedro y sus amigos William y Germán, también de El Salvador, con quienes intentaba llegar a los Estados Unidos. Julio, su hermano y sus amigos habían llegado al albergue la noche anterior, después de haber caminado desde la frontera con Guatemala cerca de 300 kilómetros de distancia, un recorrido que les tomó 18 días y les dejó los pies destrozados de tanto andar.

Cuando mi amigo Hiram y yo llegamos al albergue, los cuatro migrantes salvadoreños se estaban aplicando pomada y talco en los pies, intentando curar las heridas causadas de tanto caminar. Las plantas de sus pies estaban despellejadas y la sangre a punto de brotar.

En la misma acera, Reynol Santos, un voluntario del albergue, cambiaba las suelas a los zapatos de Julio, del hermano de éste y sus amigos, así como de varios migrantes más que como ellos llegaron caminando desde la frontera con Guatemala con los pies desechos y los zapatos inservibles.

Arriaga ha sido el objetivo para los migrantes centroamericanos de paso por México debido a que en esta ciudad del norte de Chiapas es donde se suben al primero de muchos trenes cargueros que los llevan a la frontera norte para luego intentar cruzar a los Estados Unidos.

La llamada *bestia* empezó a salir desde Arriaga a finales de 2005. Antes su punto de partida era Ciudad Hidalgo, la frontera inmediata con Guatemala. Pero en octubre de ese mismo año —como lo mencioné con anterioridad— un huracán destrozó las vías ferroviarias entre Arriaga y

Ciudad Hidalgo. Desde entonces, el tren que va rumbo al norte sale de Arriaga.

Debido a que entre Ciudad Hidalgo y Arriaga existen varios retenes migratorios, los migrantes centroamericanos evitan usar cualquier medio de transporte público o particular que transite esa vía. De esa manera eluden exponerse a ser deportados, aunque esto signifique que tengan que caminar los 275 kilómetros para llegar a Arriaga de donde sale el tren.

Julio, Pedro y sus amigos caminaron un poco más de dos semanas a lo largo de las antiguas vías para llegar a Arriaga a tomar el tren. Fueron asaltados en un par de ocasiones en el trayecto, pero al final llegaron. Cuando los conocí estaban tratando de recuperarse de las heridas ocasionadas en los pies, al tiempo que esperaban la salida del tren rumbo al norte.

Después de cuatro días en Arriaga, el tren finalmente salió. Para entonces ya se habían reunido cerca de 700 migrantes. La mayoría dormía a un lado de las vías o debajo de los vagones parados en los patios de la estación ferroviaria, entre ellos Julio, Pedro y sus amigos. Cuando el tren partió de Arriaga a Ixtepec, Oaxaca, su siguiente parada, los cuatro salvadoreños que viajaban juntos ya estaban ansiosos por partir. Julio, William y su hijo Germán nunca habían hecho ese recorrido, sólo Pedro, el hermano de Julio. Pero Pedro era algo inquieto y con frecuencia los abandonaba para ir a buscar cigarros o pedir dinero en las calles. Como resultado, Julio, William y su hijo no contaban mucho con Pedro; eso hizo que la unión fuera más fuerte entre ellos tres por lo cual casi nunca se separaban.

La última vez que vi juntos a estos cuatro salvadoreños en su travesía por México, fue en el albergue "Hermanos en el Camino" de Ixtepec, que dirige el padre Alejandro Solalinde.

Su destino ya estaba marcado; el norte de México les tenía una sorpresa. Estados Unidos sería sólo para dos de ellos, los otros tendrían que regresar a su país de origen cuando estaban a unos cuantos kilómetros de la frontera con la Unión Americana. Sin embargo, uno de los que lograría llegar a la tierra de las oportunidades y los billetes verdes, viviría una amarga experiencia en manos de restauranteros chinos. La vida del otro lado —Estados Unidos— no resultó como se la habían pintado.

Fue un día soleado del mes de febrero del año 2008, no pasaba de la una de la tarde, cuando llegué manejando a Liberty, Texas, una población que forma parte del área metropolitana de Houston y que está a sólo 43 millas [79 kilómetros] al noroeste de esa ciudad.

Liberty, Texas es reconocida por ser la tercera población más antigua de ese estado. Fue fundada en 1831 y la cual, en algún momento de su historia, llevó el nombre de Villa de la Santísima Trinidad de la Libertad.

Llegué a Liberty, Texas a buscar a Julio. Me había llamado en un par de ocasiones después de la última vez que lo vi en Ixtepec. La primera vez que me llamó estaba en Torreón Coahuila, México [a 575 kilómetros al sur de la frontera con Estados Unidos]. No volví a saber nada de él hasta que me llamó de nuevo para contarme que se encontraba en Liberty, y que ya tenía trabajo.

Cuando Julio me contactó vía telefónica, curiosamente yo me encontraba a seis horas al sur de Houston. Estaba en la frontera entre Texas y Coahuila, México, buscando a otros migrantes que también conocí en el sur de México y que eran parte de mi documental *La bestia*. Yo había viajado manejando a lo largo de la franja fronteriza desde Nogales, Arizona hasta Eagle Pass, Texas, frontera con Piedras Negras, México, en un Jeep Wrangler Sahara todo terreno de color blanco y algo viejo que mantengo en Arizona, y que me ha sacado de muchos apuros en los últimos años cuando he tenido que hacer algún trabajo en ambos lados de la zona fronteriza o en el desierto de Arizona.

La idea de mi documental era no solamente grabar su travesía, sino también dar seguimiento a algunos migrantes para saber qué fin tenían, y conocer quiénes habían logrado su cometido y quiénes habían terminado siendo deportados a sus países de origen. También quería corroborar a través de las historias de estos migrantes, qué tan cierta es la teoría de que en Estados Unidos el trabajo abunda, los dólares llegan pronto y la vida es mucho mejor, como la mayoría de las personas piensa cuando salen de sus países.

Una vez que me reuní con los otros migrantes que fui a buscar a la frontera de Piedras Negras, México, me dirigí a Houston a encontrarme con Julio. Me dio un número de teléfono celular que tenía, y me dijo que le llamara cuando ya estuviera allá, que seguramente iba a estar trabajando pero buscaría la forma de escaparse un rato de su empleo para platicar conmigo.

Julio ya llevaba tres meses viviendo y trabajando en Liberty. Estaba muy descontento con su trabajo y en la ciudad donde ahora radicaba. Su hermano Pedro, con quien viajó desde El Salvador, lo dejó con unos conocidos y él se fue al estado de Georgia donde había vivido anteriormente. Además, Julio no sabía leer ni escribir; tenía miedo hasta de salir a la esquina. Cuando le pregunté por la dirección donde lo encontraría, me dijo que no sabía, que sólo conocía el nombre del lugar donde trabajaba, el cual pertenecía a una cadena de restaurantes chinos en Texas. El restaurante se llamaba "China Buffet", y afortunadamente para mí, era el único en esa ciudad, y gracias a "Google Maps" y al localizador satelital, no tuve problemas para dar con el negocio de comida oriental.

El Julio que encontré en Estados Unidos era muy diferente al Julio con quien platiqué en Arriaga, Chiapas meses atrás. Su tono de voz y su manera de mover las manos seguían siendo los mismos, pero la aventura ya no le parecía tan divertida, y lo que le habían platicado de Estados Unidos estaba muy lejos de ser lo que encontró.

La entrevista con Julio fue rápida, pues eran horas de trabajo. De hecho, para él, el día corrido era de horas laborales y en muchas ocasiones parte de la noche también. Julio hizo como que iba a tirar basura a espaldas del restaurante, y ahí aprovechamos para platicar. Un compañero de él, también migrante centroamericano, estaba enterado y lo cubriría en sus labores para que no se notara mucho su ausencia momentánea.

Julio inició platicándome la odisea que vivió con su hermano para cruzar a los Estados Unidos. Atrás había quedado la aventura por México, *la bestia*, sus amigos William y Germán, y el susto que llevó al separarse por accidente de su hermano, al terminar en otro tren y en otra ciudad.

Esta es la plática que sostuve con Julio a las espaldas del China Buffet el primero de febrero de 2008 en Liberty, Texas.

Pedro: Julio, ¿cómo llegaste hasta acá, cómo cruzaste a los Estados

Unidos?

Julio: Caminamos en el desierto como unos 12 días.

Pedro: ¿Doce días?

Julio: Sí. Con mi hermano y otros camaradas que conocimos, pero los otros camaradas se nos perdieron como en un puente, así, por una carretera que pasamos. En la noche nos quedamos a dormir ahí en ese puente y estaba nublado y estaba cayendo lluvia. Yo venía con una gran hambre y mi hermano también, y yo casi ya no podía caminar, y entonces en el camino encontramos unas pilas, así grandes, donde toman agua las vacas, y ahí agarramos agua en una pichinga [garrafón de plástico] que nos encontramos ahí también y ya traíamos agua, pero salada, no estaba tan sucia pero estaba salada.

Pedro: ¿Y traían comida? Porque 12 días es mucho tiempo en el desierto.

Julio: Nada, pero una vez miramos un conejo y yo les dije, yo le voy a pegar, ahí vamos a tener que comer, y fla, le pegué con una piedra y lo maté y lo guisamos así, así, pero suave, porque las pinches avionetas [de la migra americana] nos veían y nos podían agarrar.

Durante la entrevista, Julio aparentaba estar tirando desechos de mariscos que sacó del restaurante en bolsas plásticas dentro de un contenedor de basura, por si salían sus jefes hacerlos creer que estaba trabajando. Parte de la entrevista me tocó seguirlo para atrás y para adelante, o cuando se agachaba a sacar más desechos de mariscos de las bolsas. Las pocas veces que se quedaba parado frente a la cámara, le era difícil estar fijo; su cuerpo siempre estuvo en un constante baile y sus manos balanceando por todas partes. Esos movimientos corporales era lo que más recordada de él. Frecuentemente hacíamos grandes pausas para que él tirara más basura en los contenedores y luego retomábamos la charla.

Pedro: ¿Cómo te sientes en Estados Unidos, estás a gusto?

Julio: Yo no quisiera estar aquí, pero por otra parte para ayudar a mis padres sí, quisiera estar aquí. Echándole ganas, como se pueda, trabajando como un esclavo.

Pedro: ¿Por qué como un esclavo?

Julio: Porque ahorita como un esclavo se trabaja. Que ven pa' acá, ve pa' allá, haz esto y esto y esto, es como un esclavo, y si uno les dice 'ya me voy', lo mandan a la chingada, y para dónde va agarrar si no conoce uno. Como prisionero, casi como estar en una prisión, prisión de cárcel, porque del trabajo a la casa, de la casa al trabajo y no salir. El día de descanso sólo puedo ir a la Wal-Mart a comprar mis alimentos que yo quiero comer o comprar ropa, y de ahí de vuelta pa' la casa. No puedo salir porque ahí anda la pinche gente viéndolo a uno que puede decir que es delincuente y todo eso y no vale la pena.

Pedro: ¿Cuánto le estás mandando a tus papás?

Julio: Pues 400 ó 350 [dólares], como voy pudiendo.

Pedro: ¿Al mes?

Julio: No, cada quince [días].

Pedro: ¿Cómo va lo de la casa que me platicaste en Chiapas?

Julio: Ya les llamé y me dijeron que ya están en el proyecto de retención para la casa.

Pedro: ¿Y ese es tu sueño, hacerles su casa?

Julio: Sí, solamente la casa. Yo dinero no quiero, no me interesa, sólo hacerles su casita.

Pedro: ¿Cuántas horas trabajas al día?

Julio: De diez a diez.

Pedro: ¿Doce horas al día?

Julio: Ajá.

Pedro: ¿Cuantos días a la semana?

Julio: Yo creo que seis días, porque sólo un día descanso.

Pedro: ¿Y cuánto te pagan?

Julio: Mil dólares por mes. Comida y casa dan ellos, eso es todo.

La entrevista con Julio terminó súbitamente, ya que sus jefes finalmente descubrieron que atrás de su negocio alguien entrevistaba a uno de sus empleados, y aunque no sabían de qué se trataba, se mostraron muy molestos y le exigieron que regresara a trabajar de inmediato. Un señor de ascendencia china que aparentaba tener 50 años de edad, y una mujer un poco más joven salieron y le gritaron a Julio en un inglés muy quebrado pero entendible, demandándole que entrara de nuevo al restaurante. Julio no entendió lo que le gritaban pero para él era obvio que le exigían que regresara a trabajar, así que regresó de inmediato.

Apenas pudimos despedirnos. A mí me pidieron que me retirara del lugar porque estaba invadiendo la propiedad privada.

Les pedí permiso para continuar platicando con Julio pero me lo negaron. Creo que tenían miedo que Julio denunciara todos los abusos a los que él y el resto de centroamericanos que trabajaban en ese lugar eran sometidos.

Me quedé en Liberty un par de horas más para intentar hablar con Julio por teléfono y buscar la posibilidad de terminar la entrevista cuando saliera de trabajar. Le llamé varias veces sin suerte, pero seguí insistiendo hasta que finalmente contestó.

Me dijo que lo habían amenazado de despedirlo si volvía invitar cámaras al trabajo. Me indicó que no podría platicar más conmigo en persona porque salían muy tarde, y eran los chinos quienes los llevaban a casa a él y a sus compañeros, y es que vivían en propiedades de sus mismos patrones. Quedamos que en su próximo día libre me llamaría para terminar de contarme lo que vivió en México y dónde había dejado a su hermano y sus amigos. Me adelantó también que los abusos de los chinos iban muy lejos, pero él necesitaba el trabajo y no tenía otra opción más que aguantar.

Después de la llamada telefónica con Julio, paré a comer un sándwich a un Subway, restaurante de comida rápida, para luego manejar rumbo a Memphis, Tennessee, ciudad a donde iría a encontrarme con Edgar Sáenz, un migrante de Guatemala a quien también había entrevistado para el documental *La bestia*, arriba del tren en el sur de México cuatro meses antes. Edgar me contactó para decirme que había llegado a Memphis, la ciudad que tenía como destino y que ya estaba trabajando.

Varios días más tarde, Julio y yo platicamos de nuevo, esta vez por teléfono. Me había dejado intrigado con lo que me platicó respecto a los abusos de sus jefes después de la breve entrevista que le hice afuera del restaurante. Además quería saber qué ocurrió con su hermano y su amigo William y su hijo Germán.

El día que platiqué con Julio por teléfono era su día de descanso, el único que tenía libre después de trabajar 12 horas, seis días a la semana, para los dueños del China Buffet.

Cuando me contó ante la cámara que se sentía como esclavo, creí que estaba exagerando. Pensé que sobredimensionaba la situación, pero yo estaba equivocado. Julio y todos sus compañeros de trabajo en ese restaurante chino eran verdaderos esclavos. Esclavos modernos, de la primera década del Siglo XXI y en el país más poderoso del mundo, y el que aparentemente más vela por los derechos humanos. Como para no creer, pero según Julio, esto era tan cierto como el mismísimo nombre que le habían dado su padres al nacer.

Entró a trabajar al China Buffet porque su hermano Pedro conocía a unos amigos en Houston, y ellos les dijeron que había un lugar donde aparte de empleo le darían vivienda. Para Pedro esta fue una situación perfecta que le permitía dejar a su hermano menor trabajando y en un lugar donde vivir, pues él pretendía llegar a Georgia o Carolina del Norte, donde aparentemente iba a buscar a su ex-esposa e hijos con quien no tenía una buena relación, y no quería o no podía llevar a su hermano con él.

Según Julio, los chinos le ofrecieron trabajo pero tenía que pagar 250 dólares para ser empleado. Él no tenía el dinero pero no había problema, se lo descontarían de su primer cheque. Es cierto que le ofrecían vivienda y transportación, pero el precio a pagar sería alto y no se pagaría necesariamente con dinero.

Los cuartuchos a donde lo llevaron a vivir y radicaban otros centroamericanos que trabajan en el restaurante, estaban anexos a las casas de sus nuevos patrones, de acuerdo a Julio. Las habitaciones carecían de todo. Los pocos muebles que había adentro estaban viejos y sucios, y los cuartos tenían hoyos en las paredes por donde entraba la lluvia y el gélido viento que flagelaba sus cuerpos durante las largas noches de invierno, que en esa parte de Texas son muy frías.

Eso fue lo primero a lo que se enfrentó este joven salvadoreño que había soñado con bienestar y progreso en el llamado país del Tío Sam. Pero lo peor estaba por llegar, y eso sería el trabajo, razón por la cual lo habían llevado a ese lugar.

Julio tenía que trabajar 12 horas diarias. No había un tiempo asignado para comer. Como su empleo era en un restaurante, comería cuando tuviera tiempo. Sus obligaciones laborales eran variadas, lo mismo lavaba platos, limpiaba pisos, tiraba basura o recogía los platos de las mesas, en otras palabras, tenía que hacer lo que en el momento se necesitara, él y todos los que trabajan a su lado.

Los días eran largos y agotadores. Julio me dijo que terminaba las 12 horas molido de cansancio. Pero concluir su día laboral en el China Buffet, no significaba que ya podía ir a descansar a la congeladora que tenía por vivienda. Cuando llegaba había que limpiar las casas de sus jefes, o sea los dueños del restaurante. En fin, el trabajo nunca terminaba. Y todo por mil dólares al mes. Sí, les daban techo y transportación, pero la explotación no tenía límite.

Todos los trabajadores como él, de acuerdo a Julio, eran migrantes centroamericanos. Los dueños del restaurante no contrataban mexicanos porque ellos no aguantaban los abusos; pronto dejaban el trabajo y se iban. Para los centroamericanos se tornaba muy difícil abandonar el empleo, pues el sufrimiento para cruzar México y posteriormente entrar a Estados Unidos era muy duro; preferían aguantar la esclavitud moderna que ser botados a la calle, o peor aún, ser deportados.

Los únicos mexicanos en ese restaurante eran los cocineros, pero a ellos les pagan mejor y no vivían esclavizados como los centroamericanos. Los dueños del China Buffet, reveló Julio, sabían perfectamente a quién explotar y a quién no. Para los mexicanos era menos sufrido llegar a Estados Unidos, y generalmente tenían con quien vivir, por eso no les importaba dejar el trabajo en cuanto enfrentaban los primeros abusos.

Cuando me enteré de esta explotación de migrantes, le dije a Julio que denunciaría a los dueños del restaurante, pero él me imploró que no lo hiciera, no sólo por él, sino por el resto de sus compañeros. Todos tenían una familia que mantener, estaban indocumentados y no tenían a dónde ir. Me dijo que había desarrollado una buena amistad con los otros centroamericanos que ahí trabajaban y no podía hacerles eso. Me enfatizó que se sentiría muy culpable si perdieran el trabajo o fueran deportados porque por él llegué a ese lugar.

Era cierto que estaba siendo explotado y que vivía como esclavo, pero lo que Julio ganaba en un día en ese restaurante era el equivalente a una semana de trabajo en su país natal, si es que tenía la suerte de encontrar empleo, cuando menos eso me contó. Me aseguró que sólo quería trabajar un año para lograr el sueño que lo llevó a Estados Unidos

—construirles la casa a sus padres— y con el dinero que él ganaba en el China Buffet, la casa ya se estaba haciendo. Enfatizó que sólo pensaba estar un año en Estados Unidos antes de regresarse a El Salvador.

Después de esa charla, entendí perfectamente por qué cuando lo entrevisté afuera del restaurante me aseguró que se sentía como un esclavo, aunque me pareció difícil creerlo en ese entonces. Hoy me sigo preguntando cuántos migrantes como Julio llegaron a Estados Unidos con la misma ilusión, en busca de oportunidades, de un mejor futuro, cuántos arriesgan su vida para ir tras la búsqueda del famoso "sueño americano" y terminan como esclavos.

Respecto a William y a su hijo Germán, Julio me contó que se quedaron en Torreón, Coahuila, en casa de un *coyote* que los cruzaría a Estados Unidos. Julio, William y su hijo llegaron a Torreón por error. Pedro era quien los iba guiando porque él ya había hecho ese recorrido varias veces, pero un poco más adelante de la capital mexicana, Pedro se bajó del tren para ir a buscar agua y comida, y no logró regresar a tiempo para cuando el tren partió. Julio, William y Germán terminaron en Torreón un día después, una ciudad de la que nunca habían escuchado y que no estaba en la ruta por donde pasarían para llegar a Nuevo Laredo, Tamaulipas, donde Pedro les había indicado que cruzarían a Estados Unidos.

En la estación ferroviaria de Torreón, un *coyote* que los interceptó los llevó a su casa, les garantizó cruzarlos a Estados Unidos si tenían familiares que respondieran por ellos. Supuestamente, William y Germán recibirían dinero de un cuñado radicado en San Luis, Misuri, pero Julio no tenía quién le enviara. Ahora se encontraba en manos de un *coyote* que cobraba por cruzarlo, y no tenía cómo conseguir el dinero, peor aún, estaba perdido de su hermano y desconocía cómo encontrarlo.

El *coyote* de Torreón terminó siendo de esos que los migrantes conocen como "buenos *coyotes*". Envío a Julio en un autobús a San Luis Potosí, y le dio indicaciones de cómo llegar al albergue para migrantes de esa ciudad. Julio sabía que su hermano Pedro llegaría a ese albergue. Durante el trayecto por México, Pedro les había platicado sobre los centros para migrantes a donde llegarían en el norte México, y el de San Luis Potosí era uno de ellos.

Julio y su hermano Pedro se reencontraron en San Luis Potosí, un par de días más tarde, y continuaron juntos hasta llegar a Houston. William y su hijo Germán estuvieron en casa del *coyote* en Torreón tres meses, pero el cuñado nunca envío el dinero que les prometió. La esposa de William en El Salvador tuvo que conseguir prestados 500 dólares para pagarle al *coyote* por el tiempo que tuvo viviendo en su casa a su marido y a su hijo, y también les envío para que regresaran a El Salvador en autobús.

Diez meses después de que William y su hijo regresaron a El Salvador, yo viajé a ese país para entrevistar a varios migrantes que eran parte de mi documental, y que habían sido deportados de Estados Unidos. El viaje lo aproveché para ir a saludar a William y de paso filmar algunas imágenes ya de regreso con su familia. William vive en Puerto La Libertad, a 30 kilómetros al noreste de San Salvador, la capital del país.

Sin embargo, la sorpresa más grande que me llevé fue encontrarme con Julio, quien es vecino de William. No podía creer cuando William me contó que el "esclavo" del China Buffet de Liberty, Texas, ya estaba de regreso en casa.

Seis meses después de que lo entrevisté afuera de su trabajo, Julio aprovechó la visita de su hermano Pedro para que lo llevara a conocer el centro de Houston. Como no tenían automóvil, tomaron un autobús de transporte público. Según Julio, al bajarse del autobús en el centro de la ciudad, sin explicación alguna, un policía les pidió una identificación, y como no tenían una, el policía llamó a migración. Julio y su hermano Pedro fueron deportados a El Salvador un par de semanas más tarde.

Pedro se regresó a Estados Unidos en cuanto llegó a El Salvador. Julio prefirió quedarse a vivir con sus padres en Puerto La Libertad; Estados Unidos ya no era para él. La travesía por México en el lomo de *la bestia*, y el sufrimiento en el llamado país de las oportunidades, habían quedado atrás.

Cuando me reencontré con Julio, descubrí de nuevo al Julio sonriente, platicador y alegre que conocí en Chiapas al inicio de la travesía por México; había vuelto a ser el mismo de antes. Estaba de regreso en su país y estaba feliz por ello, aunque la construcción de la casa que había prometido a sus padres haya quedado incompleta.

"Nosotros somos el tiro al blanco para todos..."

Juan Carlos Matamoros
País de origen: Honduras
Destino: Houston, Texas
Segundo viaje en *la bestia*

Cuando me subí a los trenes para filmar el documental *La bestia*, era de todos muy conocido que la zona más peligrosa de la travesía por México estaba en la frontera sur, la que divide a México con Guatemala, la también conocida "frontera olvidada", como muchos coinciden en llamarla.

En ese entonces, la ilusión de los migrantes centroamericanos era llegar por lo menos a la capital mexicana, a la tristemente popular estación ferroviaria de Lechería, a las afueras del Distrito Federal. Según decían, llegar ahí era estar a la mitad del camino y haber pasado lo más peligroso del recorrido por México.

Para muchos migrantes, éste lugar era un respiro de alivio. De ahí en adelante se sentían más seguros, más a salvo, pero en realidad era un mito. El norte de México, como el sur, siempre ha sido de alto riesgo para los migrantes de paso. Es cierto que en los últimos años, de 2009 en adelante, la situación se tornó más crítica en el norte, a lo largo de toda la franja fronteriza. Esto desde que los cárteles de la droga estallaron en esa zona del país y empezaron a pelear a muerte con otros grupos criminales por el control de la llamada plaza.

En la frontera de Nuevo Laredo y Matamoros, Tamaulipas, el grupo criminal conocido como "Los Zetas", sembró el terror en la ciudadanía, y me atrevo a especular que hasta entre las mismas autoridades. Prácticamente blindaron esa zona y la convirtieron en territorio propio. Ahí se han registrado miles de secuestros, asaltos, extorsiones y asesinatos a ciudadanos comunes, empresarios, representantes de los medios de comunicación y turistas en los últimos años, sin embargo, los más vulnerables para convertirse en víctimas de Los Zetas han sido los migrantes. Como prueba de ello está la matanza de 72 migrantes de centro y sudamericanos ocurrida el 22 de agosto de 2010 en un rancho del municipio de San Fernando, Tamaulipas.

Sin bien a finales de 2007 el problema de violencia en esa zona contra la comunidad migrante no era de las dimensiones que alcanzó del año 2009 en adelante, ya existía y amenazaba con crecer, pero no se le prestó la atención debida. Sólo que los secuestros y violaciones a migrantes casi no se reportaban a las autoridades y, en rara ocasión, algún medio de comunicación publicaba noticias de esta índole ocurridas en el norte. Los migrantes vivían esos abusos y atropellos en silencio, ellos sabían que el norte era tan peligroso como el sur mucho antes que hiciera erupción la ola de violencia, y que Los Zetas tomaran control total de esa parte de la frontera norte.

A mediados de noviembre de 2007, llegué al albergue para migrantes en la ciudad de Monterrey. Ahí conocí a Juan Carlos Matamoros, un hondureño que me confirmó lo que todos los migrantes sabían, que el norte de México era sólo una extensión del infierno que para ellos daba inicio al pisar suelo mexicano en la frontera sur.

Este hondureño de no más de 40 años de edad, de tez trigueña y mirada penetrante, fue víctima y testigo de algunos de los crímenes más horrendos que cometen los asaltantes, las autoridades y los empleados del ferrocarril con cualquier centro o sudamericano que cae en sus manos en el norte y en el sur de México.

Este es el recuento de la conversación que sostuve con este migrante.

Juan Carlos: Todo fue que agarrara el tren de aquí, de aquí de Lechería, y venía una señora hondureña y a ella fue a la que violaron. A mí me quitaron dos mil ochocientos pesos los garroteros.

Pedro: ¿En dónde fue esto?

Juan Carlos: En la entrada de San Luis Potosí, del puente grande que está en las vías del tren; ahí en ese lugar.

Pedro: ¿Qué fue lo que viste, quiénes eran?

Juan Carlos: No, pues los mismos garroteros y los asaltantes. A mí me pusieron la pistola en la cabeza y me quitaron dos mil ochocientos pesos, pero igual a todos nos robaron, ochocientos a unos, otros mil, otros quinientos, otros trescientos y así, nos hacían a un lado, allá para atrás de los vagones.

El día que lo entrevisté no habían pasado más de 48 horas del asalto. Juan Carlos aún estaba alterado y furioso. Sus ojos destellaban rabia y sus palabras dejaban escapar una profunda impotencia por lo que vio y lo que vivió. Se sentía indignado y de alguna forma responsable por no haber hecho nada por él mismo, o por no evitar el abuso sexual de una madre compatriota de él, perpetrado frente a los ojos de su propia hija.

Nuestra conversación tuvo lugar en el techo del albergue para migrantes en Monterrey, Nuevo León, un lugar amplio que más bien parecía un patio sobre el techo del inmueble, y es que ahí había tendederos de ropa donde los migrantes ponían a secar las prendas de vestir que lavaban al llegar. Ese lugar también servía para sentarse a tomar el sol, pues ya se dejaba sentir el fresco de noviembre típico del norte de México.

Ahí, ante el imponente y popular Cerro de La Silla que a la distancia se convertía en testigo mudo de nuestra plática, Juan Carlos, un hombre que también parecía hablar con las manos, me confirmó lo que yo ya sabía, lo que había escuchado en repetidas ocasiones; que para el migrante centroamericano, el sur y el norte de México son exactamente lo mismo, un verdadero calvario.

El resto de su relato a continuación así lo constata.

Juan Carlos: Cuando me puso la pistola yo me fui pa' la otra punta del vagón, yo me fui para allá. Entonces, él quería agarrar a la hija, el garrotero quería agarrar a la hija de la mujer.

Pedro: ¿Cuál hija, de quién era esta hija?

Juan Carlos: Es que la señora hondureña que violaron andaba su hija, y a ella también la querían violar.

Juan Carlos estaba aún tan molesto y hablaba tan de prisa, que con frecuencia le pedía que me explicara de nuevo o me diera detalles de lo que me estaba contando, porque me confundía al hablarme de personas que no me había mencionado anteriormente. Su molestia e impotencia por lo vivido lo tenía irritado, aunque ya había pasado un poco más de un día.

Pedro: A ver, estoy confundido, ¿quién te puso la pistola y quién quería violar a la joven, los asaltantes o los garroteros del tren?

Juan Carlos: Pues es que los garroteros pararon el tren para que los asaltantes hicieran sus cosas, pero pos [sic] son los mismos. Los asaltantes traen armas y nos roban, y los garroteros violan a las mujeres, yo creo que también los asaltantes les deben dar dinero por parar el tren y dejarlos robar.

Pedro: ¿Qué paso entonces con la señora que querían violar?

Juan Carlos: Es que los garroteros más bien querían violar a la chamaca, la hija de la señora, entonces les dijo ella que mejor se iba a entregar ella, que mejor hicieran lo que quisieran de sexo con ella, con la vieja, pa' que no le fregaran a la hija.

Pedro: ¿Qué edad tenía la hija?

Juan Carlos: Como unos 16 años.

Pedro: ¿Y la señora?

Juan Carlos: Como unos 40 o 45. Entonces yo encontré a la mujer llorando en el vagón. Veníamos en un vagoncito de esos que parecen volquetes, entonces cuando miré el chingado ése que se tiró de donde estaba ella, fui para allá. Le digo yo a ella, "¿Qué te pasó?" "No, mira, ese desgraciado me violó", me dice. "Y esta tonta [se refiere a su hija], le decía yo, "ándate pa' donde el señor" —o sea pa' donde mí, que se fuera pa' la otra punta. "Ándate, pero no, la muy bruta se quedó aquí, quien quita que se trepara otro y le hicieran lo mismo".

Pedro: ¿O sea que la violaron enfrente de la hija?

Juan Carlos: Enfrente, y la hija mirando. Y ella con miedo que no hallaba qué hacer. Quedó medio paralizada la hija de puro miedo.

Pedro: ¿El tren estaba parado?

Juan Carlos: Sí, se paró completito.

Pedro: ¿O sea que se pararon para eso nada más?

Juan Carlos: Sí. Esos desgraciados hacen lo que les da la gana con nosotros. Paran el tren para que se suban los rateros y entre todos nos hacen trizas.

Pedro: ¿Crees tú que las mujeres migrantes están conscientes del peligro que corren?

Juan Carlos: Hay unas que no saben, sólo vienen a caer como el pescado en el anzuelo. Hay tanto *coyote* que las engañan, las dejan tiradas, les quitan la feria [dinero], las violan, otros que las secuestran y no sólo los *coyotes*, los garroteros y la policía también.

Pedro: ¿Hay muchos abusos contra las mujeres en los trenes?

Juan Carlos: Hermano, nosotros somos el tiro al blanco para todos. Sufrimos hambre, frío, lluvia, desvelo en ese tren. Ese es el "tren de la muerte" que le llaman. Si usted viera, hay montones de casos, no sólo yo. Montones de casos, muchos más peores que me han platicado.

Pedro: ¿Qué destino llevas en Estados Unidos?

Juan Carlos: Pos hay voy pa' Houston, a echarle ganas para ser alguien en la vida, ayudar a mi familia.

Pedro: ¿A quién dejaste en tu país?

Juan Carlos: Dejé a mis dos hijas y mi esposa, que es de África. También tengo ocho hermanos en Honduras y dos acá en Estados Unidos. Conmigo somos once de familia.

El asalto a Juan Carlos y la violación a la mujer hondureña había ocurrido apenas día y medio antes al día que lo entrevisté en el albergue de Monterrey, Nuevo León. Esa fue la única vez que lo vi.

A pesar de lo ocurrido, Juan Carlos estaba determinado a llegar a los Estados Unidos. Dijo que sólo descansaría un par de días más en ese albergue y continuaría su camino. Sus planes eran cruzar a la Unión Americana por la frontera de Nuevo Laredo, Tamaulipas. Monterrey era su última parada antes de llegar a la frontera norte. Sólo le tocaría tomar un tren más para llegar a Nuevo Laredo; de ahí habría que empezar de nuevo, pero esta vez sería para intentar cruzar de manera ilegal a los Estados Unidos.

La Caravana Paso a Paso Hacia la Paz
¿Dónde están los migrantes desaparecidos?

Histórica cruzada une a migrantes y sus defensores para denunciar creciente ola de violencia en México contra migrantes en tránsito.

Mi continuo interés acerca del tema de la migración de centroamericanos en México me llevó, después del estreno de mi documental *La bestia*, a darle seguimiento cerca de cuatro años después de que inicié ese proyecto. Eso me permitió viajar de nuevo en 2011 a varios de los lugares donde filmé el documental, y también a integrarme a un movimiento social de bases que comenzaba a levantarse a favor de los migrantes en el sureste mexicano.

De tal manera, a finales de julio de 2011, fui testigo y participante de ese movimiento histórico en favor de los derechos de migrantes centroamericanos de paso por México. Éste inició de manera simultánea entre Guatemala y la frontera con México y terminó dentro del recinto más alto del poder político mexicano, el Senado de la República.

El contingente de activistas y familiares de migrantes abusados o desaparecidos en México captó la atención del país entero, mientras atraía a diversos medios de comunicación nacionales, de Centro América y de Estados Unidos.

El movimiento se denominó "Caravana Paso a Paso Hacia la

Paz", y tuvo dos vertientes que iniciaron en diferentes lugares con aproximadamente 150 personas cada una, y a las cuales se fue uniendo gente en el camino conforme avanzaba.

El primer grupo de la caravana inició el 24 de julio en la ciudad de Guatemala, capital de ese país centroamericano, e ingresó a México por la frontera de Ciudad Hidalgo, Chiapas, dos días más tarde.

El 26 de julio, mientras el primer grupo de la caravana entraba por Ciudad Hidalgo, Chiapas, el otro contingente iniciaba el recorrido de manera simultánea en la frontera de Tenosique, Tabasco. Ambos puntos fronterizos son conocidos como los de mayor cruce de personas indocumentadas entre Guatemala y México.

Los integrantes de la caravana eran madres o familiares de migrantes desaparecidos en México y venían de Guatemala, Honduras y El Salvador. También contó con integrantes de grupos defensores de sus derechos que viajaron desde varios países centroamericanos incluyendo Nicaragua. Venían además representantes de organismos humanitarios nacionales e internacionales y líderes de los albergues para migrantes ubicados a lo largo de México.

El objetivo era recorrer la también llamada "ruta de la muerte" en el sur del país, con el firme propósito de denunciar abusos contra estas personas y levantar conciencia sobre los atropellos, secuestros y asesinatos de los que son víctimas al intentar cruzar México, tanto por delincuentes comunes, bandas del crimen organizado y, con mucha frecuencia, por las mismas autoridades mexicanas.

La caravana estuvo compuesta por media docena de autobuses repletos de pasajeros. Entre ellos, muchos migrantes indocumentados que aprovecharon este evento para cruzar la mitad del país sin temor a ser detenidos por autoridades migratorias, o a caer víctimas de los abusos que a diario enfrentan cuando intentan viajar montados en los techos de los trenes cargueros.

Los dos grupos que formaban esta caravana y que avanzaban simultáneamente se encontraron en Coatzacoalcos, Veracruz, donde se reunieron con el Relator Especial sobre los Trabajadores y sus Familias de la Comisión Interamericana de Derechos Humanos (CIDH), Felipe González. En Veracruz unieron sus fuerzas como una sola caravana para luego viajar hasta la Ciudad de México y presentarse ante el Senado de la República el 1 de agosto.

Pero antes del encuentro y la fusión de los dos grupos en Coatzacoalcos, éstos fueron visitando refugios para migrantes a lo largo del camino. La caravana que entró a México por Ciudad Hidalgo, hizo su primera parada en Tapachula, a 30 kilómetros al norte de la frontera con Guatemala. En esa ciudad visitaron el Albergue Belén, a cargo del Padre Flor María Rigoni.

El Albergue Belén es el primer lugar de comida y descanso que los migrantes encuentran en México cuando entran por la llamada "ruta del Pacífico", o sea la frontera entre Tecún Umán, Guatemala y Ciudad Hidalgo, Chiapas.

En cada lugar que la caravana paraba se efectuaban varias actividades relacionadas con los migrantes, como conferencias de prensa o mesas de trabajo. En Tapachula, por ejemplo, también presentaron una exhibición de fotografías de los migrantes desaparecidos en su paso por México, al tiempo que se llevó a cabo una protesta frente a la estación migratoria "Siglo XXI" de esa ciudad. Por años, dicha estación migratoria ha sido fuertemente criticada por defensores de los migrantes, y acusada por los mismos migrantes debido a los constantes abusos que ahí se cometen contra ellos por parte de agentes del Instituto Mexicano de Inmigración.

La siguiente parada fue Arriaga, a 275 kilómetros al norte de Ciudad Hidalgo, frontera con Guatemala. Arriaga es un lugar clave para los migrantes centroamericanos. Es ahí donde montan el primero de muchos trenes que tienen que tomar para llegar a la frontera norte.

En Arriaga visitaron el albergue "Hogar de la Misericordia", del sacerdote católico Heyman Vázquez, donde exhibieron las fotografías de los desaparecidos, efectuaron un evento cultural y tuvieron un desayuno en un parque público con todos los migrantes que ahí esperaban a que saliera el tren rumbo al norte. Antes de continuar su recorrido, los integrantes de la Caravana Paso a Paso Hacia la Paz visitaron el panteón de Arriaga, donde decenas de cuerpos de migrantes centroamericanos han sido enterrados en fosas comunes sin que nadie los haya identificado ni reclamado.

Mientras que los integrantes de la caravana que viajaba por Chiapas iban visitando refugios para migrantes, el otro grupo recorría el estado de Tabasco haciendo lo mismo, aunque ellos viajaban sobre los trenes cargueros como lo hacen los migrantes. Ambos grupos estaban pactados para llegar a Coatzacoalcos, Veracruz el 29 de julio y de ahí partir juntos hacia la ciudad de México.

Una vez terminadas las actividades en Arriaga, la caravana formada mayormente por madres o familiares de migrantes centroamericanos desaparecidos en México, hicieron su última parada en Ixtepec, Oaxaca antes de viajar a Coatzacoalcos.

En Ixtepec los esperaba el popular sacerdote Alejandro Solalinde Guerra, símbolo de la lucha contra la violencia y los abusos hacia los migrantes en México. Al padre Solalinde lo acompañaba Felipe González, quien como mencioné es el Relator Especial del organismo dependiente de la Organización de Estados Americanos (OEA), varios representantes de la Comisión de Derechos Humanos en México, así como un mar de periodistas que habían llegado de todas partes.

La caravana estaba compuesta por seis autobuses forrados con mantas de lona y pancartas colocadas hasta en las ventanas que leían consignas de "No más abusos" o "Dónde están nuestros hijos". Otras mostraban fotografías de sus seres queridos desaparecidos en suelo mexicano. El arribo de la caravana procedente de Arriaga al hogar para migrantes "Hermanos en el Camino," se dio a las 16 horas del miércoles 27 de julio.

Esa tarde, los integrantes de dicho movimiento comieron en el albergue y convivieron con migrantes que esperaban la salida de un tren para continuar su camino al norte. Las madres y familiares de migrantes desaparecidos aprovecharon para hablar con los medios nacionales y extranjeros sobre sus seres queridos perdidos ya por varios años.

Yo tuve la oportunidad de entrevistar en los patios del albergue "Hermanos en el Camino" a varias de estas madres, padres y hermanos que cargaban, aparte de fotografías de sus seres queridos, una tristeza enorme y un sufrimiento tan profundo que les calaba hasta el alma. La mayoría de las personas a quienes buscaban habían dejado en su país de origen a una familia, incluyendo hijos, quienes ahora estaban huérfanos de padre o madre y destrozados por no volver a saber más de ellos.

Entre los casos que más me impactaron está el de Jesenia Marlene Gaitán Cartagena, migrante de Honduras. Ella desapareció el 19 de diciembre de 2007 de Nuevo Laredo, Tamaulipas. Jesenia Marlene tenía como destino Dallas, Texas. Según su madre, había logrado llegar a San Antonio, Texas, pero fue deportada a México. La última vez que le llamó lo hizo desde Nuevo Laredo, en diciembre de 2007.

Jesenia Marlene dejó en Honduras una niña de seis años de edad. Su madre, Priscila Cartagena Rodríguez, en cuanto supo de la caravana hizo todo a un lado para unirse a ella e intentar dar con el paradero de su hija. La señora Priscila teme que Jesenia haya sido secuestrada, porque en los últimos dos años recibió llamadas telefónicas anónimas para decirle que su hija estaba bien pero luego le colgaban, y ya no se volvieron a comunicarse nunca más. Esta madre abnegada quiere decirle a su hija que en casa la están esperando, que su hija que dejó como una bebé ya tiene 10 años, y que será recibida con los brazos abiertos cuando regrese.

Otra de las madres que buscaba a su hijo era Manuela de Jesús Franco, de Guatemala. Manuela no paraba de llorar por su hijo Juan Neftalí Rodríguez Franco, desaparecido en Tamaulipas, México. Sin embargo, tenía fe que lo encontraría. Juan Neftalí desapareció en septiembre de 2010. La última vez que su madre supo de él, su hijo estaba en Tamaulipas. Juan Neftalí tenía como destino el estado de Texas. Dejó un hijo de seis meses de edad en Guatemala.

Esa noche en Ixtepec, después de la cena y las entrevistas con los medios de comunicación, los más de 300 integrantes de la caravana Paso a Paso Hacia la Paz, incluyendo los migrantes indocumentados que se habían unido en los albergues a donde había llegado, se reunieron en un auditorio municipal para presenciar mi documental *La bestia*, que estaba programado como parte de las actividades de la caravana.

Al finalizar la exhibición, un migrante indocumentado hondureño se acercó a mí para decirme, que si hubiera visto mi documental antes de salir de Honduras, nunca se hubiera venido. Su comentario me hizo sentir que mi trabajo estaba cumpliendo con el objetivo que tuve desde que tomé la decisión de filmarlo: concientizar a la gente sobre este tema y mostrarles lo sufrido que es la travesía antes de que decidan abandonar sus casas para emprender el viaje por México.

Después de la presentación de mi documental *La bestia*, los padres y familiares de migrantes desaparecidos, el padre Alejandro Solalinde, el Relator Especial de la OEA y el resto del contingente de grupos humanitarios y defensores de migrantes, fueron a la orilla de las vías ferroviarias ahí en Ixtepec, a esperar el tren que llegaría esa noche cargado de migrantes quienes habían salido de Arriaga, Chiapas por la mañana.

El tren no tardó mucho en llegar y todos fueron testigos, incluyendo el Relator Especial de la Comisión Interamericana de Derechos Humanos, Felipe González, pero sobre todo las madres centroamericanas, de cómo viajan sus hijos colgados como polizontes en la llamada *bestia*, y los riesgos que corren al bajar y subir de esos trenes en marcha en plena oscuridad.

Algunos de los migrantes que se bajaron del ferrocarril de carga esa noche, tuvieron que ser hospitalizados de inmediato debido a las múltiples picaduras de abeja que sufrieron en el camino. Cuando menos dos de ellos eran irreconocibles, ya que sus rostros y brazos estaban muy inflamados debido a los severos piquetes de abeja, algo que ocurre con mucha frecuencia en ese recorrido.

A la mañana siguiente, los más de 300 integrantes de la Caravana Paso a Paso Hacia la Paz partieron en su media docena de autobuses cubiertos con pancartas a Coatzacoalcos, donde ya los esperaba el otro grupo que había salido de Tenosique.

Varios de los migrantes indocumentados que estaban en el albergue "Hermanos en el Camino", aprovecharon la presencia de la caravana para unirse a ellos y viajar en los autobuses. Sabían que de este modo tenían un viaje seguro por lo menos hasta la capital del país.

El viernes 29 de julio, las dos vertientes de la Caravana Paso a Paso Hacia la Paz se unieron en Coatzacoalcos, donde realizaron mesas de trabajo con los líderes del movimiento y los sacerdotes encargados de las casas de migrantes a lo largo de México. Sin embargo, el evento más importante que se llevó a cabo fue el encuentro que migrantes víctimas de abusos y sus familiares y madres de centroamericanos desaparecidos en México sostuvieron con el Relator de la OEA, su equipo de trabajo, el padre Alejandro Solalinde y los diversos líderes de organismos humanitarios.

Tras el encuentro, el relator Felipe González se dijo impresionado por los testimonios que escuchó por parte de las víctimas, testigos de los abusos hacia los migrantes y familiares de estos. Añadió que la situación que viven en México es dramática y que viajan poniendo en riesgo su vida en todo momento.

El representante de la Comisión Internacional de Derechos Humanos de la OEA, añadió también que su visita tenía como objetivo hacer una relatoría con recomendaciones al gobierno mexicano para mejorar las condiciones de vida de las personas que emigran.

Por su parte, el padre Alejandro Solalinde Guerra, indicó que la petición que le hicieron al Relator Especial fue que abogue por más protección para los migrantes, la aplicación de la justicia a los crímenes que ya se han denunciado, y que otorgue más apoyo a los defensores de los derechos humanos en México.

El mismo viernes 29 por la noche, la caravana partió rumbo a la capital mexicana, a donde llegaría el lunes 1 de agosto para realizar una manifestación en el Zócalo de esa ciudad, y más tarde reunirse con una comisión especial del Senado de la República.

Pero antes de llegar a la capital del país, la caravana hizo otras paradas en áreas de alta concentración de migrantes, conocidas también por los constantes abusos, secuestros y maltratos a los migrantes, como son Tierra Blanca y Orizaba, Veracruz.

Parte del recorrido de la caravana incluía también llegar a la Patrona, Veracruz, un poblado ampliamente identificado por un grupo de mujeres conocidas como "Las Patronas", quienes a diario salen a las orillas de las vías a dar agua y comida a los migrantes centroamericanos que pasan por ese lugar arriba de los trenes.

La Caravana llega a Ciudad de México

El lunes 1 de agosto a las 9 de la mañana, la Caravana Paso a Paso Hacia la Paz, finalmente llegó a la capital mexicana después de haber pernoctado en la ciudad de Puebla [129 kilómetros al sur de Ciudad de México] la noche anterior.

Los más de quinientos integrantes del movimiento que para entonces se habían unido a lo largo del camino, asistieron a una misa en su honor en la Catedral Metropolitana y recibieron la bendición de parte del rector de la misma, Monseñor Manuel Arellano.

Posteriormente, se desplazaron a la plancha del Zócalo capitalino donde sostuvieron una manifestación, para luego marchar a lo largo de varias calles, mostrando pancartas que exigían respeto a sus derechos y fotografías de migrantes desaparecidos. Finalmente llegaron hasta las instalaciones de la antigua sede del Senado de la República.

En el recinto federal, sólo estuvieron presentes Yeidckol Polevnsky y José Luis Máximo García Zalvidea, senadores del Partido de la Revolución Democrática (PRD); Rosario Ibarra, del Partido del Trabajo (PT) y presidenta de la Comisión de Derechos Humanos del Senado, así como la Diputada Federal María Teresa Ochoa Mejía, de Movimiento Ciudadano. Cabe mencionar que ningún senador de los partidos Partido Revolucionario Institucional (PRI), Partido de Acción Nacional (PAN) ni Verde Ecologista, hicieron acto de presencia.

Por parte de los refugios para migrantes en México, la comitiva fue encabezada por el padre Alejandro Solalinde Guerra, pero también estuvieron presentes los clérigos Tomás González Castillo, Luis Ángel Nieto, Hugo Raudel y Heyman Vázquez, encargados de casas de migrantes en Chiapas, Veracruz, Estado de México y Tamaulipas.

Durante el dialogo público que duró aproximadamente tres horas, los clérigos representantes de los albergues dieron detalles sobre los múltiples abusos a los que son víctimas los migrantes, y de la corrupción de las autoridades coludidas con el crimen organizado para extorsionar, secuestrar y arrebatarle la vida a los migrantes.

Asimismo, las madres de los centroamericanos desaparecidos en México, hablaron ante los legisladores sobre sus hijos y el dolor tan profundo que viven al no saber nada de ellos con el paso del tiempo.

Sin embargo, fueron los mismos migrantes víctimas de secuestros, extorsiones, violaciones sexuales y todo tipo de abuso, quienes más impactaron al dar sus testimonios y relatar en detalles las atrocidades que han enfrentado en su paso por México.

Para mi sorpresa, la senadora perredista Yeidckol Polevnsky, quien moderaba el evento, llamó mi nombre entre la audiencia y me extendió una invitación a que compartiera con los presentes la experiencia que viví, las cosas que vi y los testimonios que me contaron los migrantes durante la filmación de mi documental *La bestia*, a lo largo de la llamada ruta del migrante por México. Con gusto acepté, aunque sorprendido de saber que los senadores tenían conocimiento de mi documental.

Por aproximadamente 15 minutos tuve la oportunidad de relatar la experiencia de mi viaje al lado de los migrantes en los techos de los trenes de carga. Compartí detalles de los abusos que conocí y los que yo mismo como periodista fui víctima por parte de las autoridades, el sufrimiento tan profundo al que se enfrentan, y las desgarradoras historias de abuso, sufrimiento y muerte que encontré a mi paso.

Varios días después, mi documental *La bestia*, fue exhibido en el Senado de la República a petición del Senador Francisco Herrera León, Presidente de la Comisión de Asuntos Fronterizos Sur. A la presentación de mi documental asistieron varios senadores, entre ellos la senadora Yeidckol Polevnsky, quien me hiciera la invitación a participar el día que la caravana llegó al Senado.

Entre las peticiones que se hicieron a los senadores federales mexicanos estuvo la eliminación de la visa de ingreso al territorio, así como mayores garantías de protección a los migrantes mientras cruzan el territorio.

También exigieron a los legisladores una pronta revisión y modificación de la nueva, y primera, Ley de Migración promulgada por el Presidente de México Felipe Calderón Hinojosa el 24 de mayo de 2011, y les pidieron que la hicieran efectiva inmediatamente.

Por su parte, el sacerdote Alejandro Solalinde, fue muy enfático en sus exigencias al pedir al Senado de la República que desaparezca el Instituto Nacional de Migración (INM), porque aseguró, está corrompido y comete atrocidades en contra de los indocumentados en lugar de protegerlos.

Para finalizar el encuentro, los senadores federales lograron que el Instituto Nacional de Migración proporcionara visas a los cerca de 300 migrantes indocumentados que viajaban en la caravana para que pudieran continuar su camino de manera legal hasta el norte de México, y así evitar abusos o secuestros a lo largo de las vías donde esperan los trenes o montados en los techos del ferrocarril carguero.

De acuerdo a los organizadores del evento, durante el recorrido de la Caravana Paso a Paso Hacia la Paz, se lograron seis reencuentros de migrantes desaparecidos con sus seres queridos. Uno de esos casos fue el de María Munguía, una madre hondureña que buscaba a su hija Sandra Yamileth Fernández Munguía, a quien no había vuelto a ver desde que salió de su país natal hacía 15 años. Sandra Yamileth vivía en Morelia, Michoacán, y pudo reunirse con su madre gracias a la caravana.

A pesar de estos resultados positivos y buenas noticias que han arrojado tanto la Caravana Paso a Paso Hacia la Paz, como otras manifestaciones y las constantes denuncias de grupos humanitarios, aún hay mucho por hacer en México, pues la violencia en contra de migrantes que cruzan ese país, sigue siendo agravante, aguda y de rápido crecimiento.

Irónicamente, cinco días después de que más de 300 migrantes centroamericanos recibieran una visa temporal para continuar su camino tras la intervención de los integrantes de la caravana ante el Senado de la República, Julio Fernando Cardona Agustín, un migrante indocumentado guatemalteco de 19 años de edad que era parte de la caravana y a quien también se le había otorgado la visa, fue asesinado cerca de la Casa del Migrante San Juan Diego, en Lechería, a las afueras de la Ciudad de México.

De acuerdo a publicaciones de varios medios de esa área, el joven migrante fue detenido por policías del municipio de Tultitlán, Estado de México, mientras dormía a un lado de las vías del tren y fue acusado de robo. Una vez detenido, aparentemente los policías lo vendieron por 500 pesos [42 dólares] a unos jóvenes pandilleros que lo habían acusado de dicho atraco. El migrante guatemalteco apareció muerto la mañana siguiente con múltiples lesiones. Entre las heridas que presentó tenía varios golpes en la cabeza. Al lado de su cuerpo sin vida, se encontraron piedras manchadas con sangre indicando que pudo haber muerto a pedradas.

Julio Fernando tenía como destino la ciudad de Boston en Estados Unidos. La visa temporal que le había otorgado el Instituto Mexicano de Migración tras la presencia de los integrantes de la caravana en el senado, le sirvió de poco. Su cuerpo fue repatriado a su Guatemala natal un par de días después del homicidio.

Pero la muerte de dicho migrante centroamericano no ha sido la única en esa área. Un par de meses después del mencionado asesinato, para ser exactos el día 13 de octubre, se encontró sin vida el cuerpo de María Marisol Hernández, de 33 años de edad y originaria de Honduras. Al igual que el migrante guatemalteco asesinado en agosto, el cadáver de la joven mujer hondureña fue encontrado en las vías del ferrocarril y en las inmediaciones del albergue para migrantes San Juan Diego, de Lechería.

Y por si fuera poco, el 28 de octubre, apenas dos semanas después de la muerte de esta migrante hondureña, otro compatriota de ella perdió la vida en la misma área y en circunstancias parecidas, Carlos Humberto Díaz Escobar, también originario de Honduras, fue degollado en un establecimiento comercial de la Colonia Villa Esmeralda de Tultitlán, donde aparentemente se refugian migrantes centroamericanos que pretenden subirse al tren en Lechería, a unos minutos de distancia de ese lugar donde se cometió el crimen.

En ninguno de estos casos las autoridades locales lograron dar con el paradero de los asesinos. La Procuraduría de Justicia de esa entidad habría informado que tenían avances en las investigaciones, pero hasta el cierre de esta edición en marzo de 2012, no se conocía información sobre ningún arresto relacionado con dichos crímenes.

Pero las muertes a migrantes no pararon en la recta final del año. El día 9 de noviembre, otro migrante centroamericano perdió la vida, esta vez en Ixtepec, Oaxaca, en la estación del ferrocarril. El occiso aparentaba tener no más de 25 años de edad y fue asesinado de varios golpes en la cabeza. A su lado se encontró un bloque de cemento ensangrentado, por lo que se presume que fue golpeado con dicho objeto.

Tres meses después de este asesinato, su identidad seguía siendo un misterio, así como el motivo del crimen y quién o quiénes lo perpetraron.

Y ya casi para cerrar el año, de acuerdo a representantes del albergue "Hermanos en el Camino" de Ixtepec, Oaxaca, precisamente el día 10 de diciembre, un grupo de migrantes fue aparentemente secuestrado por "Los Zetas" en la estación de Medias Aguas, Veracruz. Precisamente en ese lugar se denunciaron varios secuestros masivos a migrantes durante el año 2011, sin que ninguno haya podido ser resuelto por las autoridades.

La muerte y continuos secuestros de estos migrantes sólo vienen a demostrar la intolerancia que existe contra las personas de tránsito por México, y que el país continúa siendo un territorio minado para ellos.

Es claro que hay mucho trabajo por delante para lograr mejores garantías individuales y más protección para los migrantes que se desplazan por México. Sin embargo, el movimiento de la caravana causó un gran impacto social, así como creó un antecedente de acción conjunta en contra este grave problema.

Mientras que los casos específicos de tragedias ocurridas a migrantes en México son escalofriantes, dar un vistazo a datos y estadísticas que ponen este fenómeno de violencia en perspectiva resultan impresionantes, ya que resumen en cifras lo grave de este problema. A continuación incluyo algunos de esos datos.

Según coordinadores de la Caravana Paso a Paso Hacia la Paz, en México han desaparecido por lo menos 800 migrantes centroamericanos cuando intentaban cruzar el país.

De acuerdo a la Comisión Interamericana de Derechos Humanos (CIDH), tan sólo en el año 2009, fueron secuestrados 18,000 migrantes en territorio mexicano.

Y en un informe especial sobre secuestros de migrantes en México dado a conocer por la Comisión Nacional de Derechos Humanos de México, entre los meses de abril y septiembre de 2010 se documentó una alarmante cifra de secuestros masivos que arrojaron cerca de 12 mil víctimas en un lapso de seis meses.

Abril a septiembre de 2010
    Casos masivos de secuestros - 214
    Total de víctimas - 11,333

Víctimas por países de origen:
    44.3% hondureños
    16.2% salvadoreños
    11.2% guatemaltecos

10.6% mexicanos

5% cubanos

4.4% nicaragüenses

1.6% colombianos

0.5% ecuatorianos

Regiones mexicanas de mayor secuestro:

67.4 Sureste de México

29.2 Norte de México

2.2 Centro del País

Fuente: Comisión Nacional de los Derechos Humanos (CNDH)

El informe especial sobre secuestros de migrantes en México, también indica que de acuerdo a la Subsecretaría de Población, Migración y Asuntos Religiosos de la Secretaría de Gobernación (SEGOB), al año ingresan a México aproximadamente 150 mil migrantes indocumentados, la mayoría provenientes de Centroamérica. De acuerdo con organismos de la sociedad civil, esta cifra asciende a 400 mil.

La nueva Ley de Migración de México

Foto: Presidencia de México

Por primera vez en su historia, México tiene una ley de migración, sí, aunque parezca increíble, pero este país expulsor de migrantes, de tránsito, destino y retorno de migrantes, nunca antes contó con una ley de migración que legislara por separado este asunto. Las leyes migratorias del país se rigieron siempre por la Ley General de Población.

Pero el día 24 de mayo de 2011, Felipe Calderón, Presidente de México, estampó su firma en la nueva Ley de Migración y fue publicada en el Diario Oficial de la Federación al día siguiente, convirtiéndose así en un día y un hecho histórico para los migrantes y para quienes luchan y velan por sus derechos.

La nueva Ley de Migración surge en parte tras la sangrienta ola de violencia que han sufrido los migrantes de paso por México en los últimos tres años, y por la presión internacional ejercida al gobierno de Felipe Calderón después del asesinato de los 72 migrantes centro y sudamericanos en agosto de 2010. Aunque sin duda, quienes más lucharon por la creación y eventual aprobación de esta ley fueron los miembros del Grupo de Trabajo Sobre Política Migratoria, compuesto por Organizaciones No Gubernamentales (ONG), organismos humanitarios, grupos defensores de migrantes, activistas, y la red de albergues para migrantes en México, entre otras entidades, quienes pusieron una fuerte presión al gobierno federal y a legisladores mexicanos para que se lograra la aprobación de dicha ley.

Los impulsores de esta nueva Ley de Migración se dicen contentos con la respuesta del gobierno federal mexicano, sin embargo no están satisfechos del todo, pues la nueva ley está lejos de ser lo que ellos buscaban. Además, la principal y más importante petición que hicieron fue excluida por los políticos mexicanos. Dicha petición buscaba una visa temporal de tránsito de 180 días, la cual permitiría a los migrantes cruzar México de manera legal y evitar asaltos, violaciones, secuestros y cualquier tipo de abusos que en la actualidad enfrentan.

Si bien la nueva Ley de Migración ya fue promulgada y publicada en el Diario Oficial desde el 25 de mayo de 2011, aún está inoperante, y es que 10 meses después de haber sido firmada por el presidente mexicano, la tan soñada ley sigue siendo un espejismo, pues el Poder Ejecutivo no ha creado el reglamento o mecanismo para ponerla en práctica. En otras palabras, si existe, pero sólo en papel y mientras no esté operando es inexistente e inefectiva.

El Gobierno Federal tenía 180 días a partir del 25 de mayo cuando la ley fue publicada, para dar a conocer el reglamento que la convertiría en ley efectiva en la práctica. Ese plazo venció el 21 de noviembre de 2011 y hasta el último día de ese mismo año se desconocía una nueva fecha para publicar el reglamento.

Grupos propulsores de la nueva ley temen que el gobierno mexicano actual no tenga las intenciones reales para que esta ley se ponga en práctica durante la administración del Presidente Felipe Calderón, y que les toque esperar hasta que entre el nuevo gobierno a finales de 2012 para negociar nuevamente, y ver si el próximo Jefe del Ejecutivo sí la convierte en realidad.

Curiosamente, el gobierno actual ha utilizado la promulgación de la nueva ley para presumir por el mundo que México es un país donde no se criminaliza a los migrantes, que al contrario, se les cuida y se les protegen sus derechos, asegurando que ningún país tiene una ley tan amplia y benévola para el migrante como en México. Lo que no dicen es que es una ley de papel inoperante y que a los migrantes se les sigue viendo y abusando de la misma manera.

Puntos sobresalientes de la nueva ley de migración

• El libre tránsito es un derecho de toda persona y es deber de cualquier autoridad promoverlo y respetarlo. Ninguna persona será requerida de comprobar su nacionalidad y situación migratoria en el territorio nacional, más que por la autoridad competente y bajo las circunstancias establecidas en la presente Ley.

• Los migrantes podrán acceder a los servicios educativos provistos por los sectores público y privado, independientemente de su situación migratoria.

• Los migrantes tendrán derecho a recibir cualquier tipo de atención médica, provista por los sectores público y privado, independientemente de su situación migratoria.

• Los migrantes tendrán derecho a recibir de manera gratuita y sin restricción alguna, cualquier tipo de atención médica urgente que resulte necesaria para preservar su vida.

• En la prestación de servicios educativos y médicos, ningún acto administrativo establecerá restricciones al extranjero, mayores a las establecidas de manera general para los mexicanos.

• Los jueces u oficiales del Registro Civil no podrán negar a los migrantes, la autorización de los actos del estado civil ni la expedición de las actas relativas a nacimiento, reconocimiento de hijos, matrimonio, divorcio y muerte.

• Los migrantes tendrán derecho a la procuración e impartición de justicia, respetando en todo momento el derecho al debido proceso, así como a presentar quejas en materia de derechos humanos.

• En los procedimientos aplicables a niñas, niños y adolescentes migrantes, se tendrá en cuenta su edad y se privilegiará el interés superior de los mismos.

• Cuando el migrante no hable o no entienda el idioma español, se le nombrará un traductor o intérprete que tenga conocimiento de su lengua, para facilitar la comunicación.

• Cuando el migrante sea sordo y sepa leer y escribir, se le interrogará por escrito o por medio de un intérprete. En caso contrario, se designará como intérprete a una persona que pueda entenderlo.

• Únicamente las autoridades competentes podrán realizar el aseguramiento de los migrantes en situación migratoria irregular.

• Respeto irrestricto de los derechos humanos de los migrantes, nacionales y extranjeros, sea cual fuere su origen, nacionalidad, género, etnia, edad y situación migratoria, con especial atención a grupos vulnerables como menores de edad, mujeres, indígenas, adolescentes y personas de la tercera edad, así como a víctimas del delito.

• Congruencia de manera que el Estado mexicano garantice la vigencia de los derechos que reclama para sus connacionales en el exterior, en la admisión, ingreso, permanencia, tránsito, deportación y retorno asistido de extranjeros en su territorio.

• Unidad familiar e interés superior de la niña, niño y adolescente, como criterio prioritario de internación y estancia de extranjeros para la residencia temporal o permanente en México, junto con las necesidades laborales y las causas humanitarias.

• La Secretaría creará grupos de protección a migrantes que se encuentren en territorio nacional, los que tendrán por objeto la protección y defensa de sus derechos, con independencia de su nacionalidad o situación migratoria.

• El Instituto resolverá la situación regular de los extranjeros presentados en un plazo no mayor de 15 días hábiles, contados a partir de su presentación.

• El Instituto no podrá realizar visitas de verificación migratoria en los lugares donde se encuentre migrantes albergados por organizaciones de la sociedad civil o personas que realicen actos humanitarios, de asistencia o de protección a los migrantes.

Si bien dicha ley no es del total agrado de todos por no cumplir con las demandas exigidas por el Grupo de Trabajo Sobre Política Migratoria, sí representa el inicio de una nueva era en materia de migración en

México, y un paso muy importante para empezar a ver y tratar a los migrantes en tránsito con respecto y dignidad.

Ahora hay que esperar a ver si se llega a dar la implementación de dicha ley y que los encargados de validarla hagan su trabajo apropiadamente. Para eso, ciudadanos, grupos humanitarios y defensores de los migrantes tienen que ser vigilantes de que se cumpla en la práctica como se indica en papel, y que no termine siendo una más de las leyes que se aprueban en México y nunca cumplen su objetivo o llegan a implementarse.

Lo importante es que la gente ha despertado y ya no darán marcha atrás. No se pueden permitir más abusos, secuestros y muertes a migrantes de paso por México. Cada uno de nosotros somos encargados de denunciar, exigir o protestar para que esto no ocurra más, porque creo es la única forma que se puede lograr. Ya se dieron los primeros pasos y los resultados han sido muy positivos, y ya no se puede retroceder.

Los migrantes en México, y en cualquier otra parte del mundo también, son seres humanos, y sus derechos y sus vidas se deben respetar. Todos los ciudadanos debemos participar y exigir para que esto se cumpla. Ya no se puede permitir un abuso, un secuestro o una muerte más de ningún migrante.

Cambios buenos y malos

El Padre Solalinde en Los Ángeles, CA. para la presentación de *La bestia*.

Lo malo de los cambios

Muchas cosas cambiaron en México con relación a los migrantes de paso desde que atravesé el país en los techos de los trenes de carga para filmar mi documental *La bestia*, a finales de 2007.

Me encantaría decir que los cambios registrados en el llamado país "Azteca" en los últimos cuatro años han sido positivos o favorables para los migrantes, pero tristemente no lo son. En el año que hice el recorrido y los años previos, la situación era ya muy complicada para que un migrante cruzara México de manera ilegal, pero en la actualidad es peor, mucho peor.

Hoy en día siguen sufriendo los embates de las autoridades, de las pandillas y, tristemente, hasta de algunos ciudadanos que viven cerca de las vías del ferrocarril, y que se han dado cuenta que no hay cosa más fácil que despojar a esta gente del poco dinero que traen o extorsionarlos bajo la amenaza de denunciarlos a las autoridades.

Durante ese 2007 que viajé a lo largo de México con ellos, el problema mayor era atravesar el sur del país. De hecho, muchos se referían a la frontera México-Guatemala como la "frontera olvidada", pero también eso ha cambiado desde entonces. El problema pasó de la frontera sur a propagarse por todo México. En la actualidad, el norte es mucho más peligroso que lo que era antes el sur.

Los años, 2009, 2010 y 2011 fueron letales para cualquier migrante que intentó cruzar de la frontera sur a la frontera norte de manera irregular. A la larga lista de personas o grupos que robaban, golpeaban o abusaban a estos migrantes previo a los años antes mencionados, se unió el crimen organizado, especialmente el grupo delictivo conocido como "Los Zetas", sin duda uno de los más crueles y sanguinarios que se han conocido en la historia moderna de México.

Como lo apunté al inicio de este libro, la indiscriminada y salvaje matanza de los 72 migrantes en Tamaulipas, cerca de la frontera norte de México, en agosto de 2010, atribuida a "Los Zetas", es clara prueba de ello. Durante el tiempo indicado, no ha habido lugar a lo largo de la llamada ruta del migrante, que conforman principalmente los estados de Chiapas, Tabasco, Oaxaca, Veracruz, Puebla, Estado de México, Guanajuato, San Luis Potosí, Nuevo León y Tamaulipas, donde no se hayan reportado secuestros, asaltos o asesinatos en contra de estas personas, perpetrados por el crimen organizado.

En febrero de 2011, la Comisión Nacional de Derechos Humanos de México, dio a conocer un estudio, sobre el cual hago referencia en páginas anteriores, con estratosféricas cifras de secuestros a migrantes que estremecen a cualquiera, algo jamás imaginado por muchos: 214 casos de secuestros masivos de migrantes, únicamente entre los meses de abril a septiembre de 2010, lo que arrojó un total de 11 mil 333 víctimas. Estamos hablando de cerca de 12 mil migrantes secuestrados en sólo *seis meses*. Esto es alarmante y debe ser de alta preocupación para gobernantes, autoridades, grupos defensores de los mismos migrantes y para cualquier individuo u organización que defienda los derechos humanos en México o en cualquier parte del mundo.

Esos números son estremecedores, difíciles de digerir para cualquier gente. Quizás algunos duden que sean ciertos, pero quien se arrime a las vías de los trenes donde los migrantes esperan la llamada *bestia* o visite alguno de los albergues en los que se refugian los migrantes y platique con ellos, se dará cuenta que quizás esa cifra se quede corta.

La gran mayoría, sino es que todos los migrantes con quien uno platica, han sido víctimas o conocen a otro migrante que ha caído en las garras del crimen organizado. Tristemente, muchos de los secuestros que relatan estos migrantes terminan con la vida de las personas, y sus cuerpos difícilmente logran ser recuperados. El problema es más serio y más grave de lo que nos imaginamos.

Cruzar México de manera ilegal es en la actualidad para los migrantes de paso como una sentencia a muerte que se consuma en cuestión de días; es caminar hacia un matadero seguro.

En mi más reciente recorrido por los albergues del sur del país, a finales de julio de 2011, los migrantes con quienes platiqué coincidieron en que si bien han disminuido los abusos de autoridades, aumentaron los asaltos y los secuestros perpetrados por las mafias mexicanas, y que el tipo de crímenes que estos cometen son mucho más violentos que nunca antes.

Algo que también me llamó la atención es que, a diferencia de cuando viajé con ellos para filmar *La bestia*, ya no se prestan para platicar fácilmente con cualquier persona. De hecho, muchos se alejan de inmediato cuando uno se arrima a ellos.

Una vez que lograba entrar en confianza y me identificaba propiamente, me decían que ya no creen en nadie, que el crimen organizado se filtra de cualquier modo, que compra a cualquier persona, incluyendo autoridades, para arrimarse a ellos y luego secuestrarlos, y no sólo de manera individual, sino que ahora se los llevan en grupos completos. En fin, basado en los testimonios que recogí en 2007 y lo que me contaron a mi regreso en el 2011, la situación está peor, mucho peor.

Lo bueno de los cambios

Para fortuna de los migrantes, no todos los cambios que se han presentado en los últimos años en México son malos. La violencia, asesinatos y secuestros a estas personas han logrado que grupos defensores de sus derechos en México, Estados Unidos y Centro América hayan unido sus fuerzas para demandar enérgicamente respeto y un mejor trato a los migrantes.

Se han realizado marchas y manifestaciones en algunas de las ciudades por donde pasan los migrantes, y dos caravanas desde Centro América han arrojado acciones muy positivas. Una de ellas terminó dentro de las mismas instalaciones del Senado de la República Mexicana.

A raíz de estos abusos, también surgió un sacerdote que se echó a espaldas la tarea de luchar, denunciar y buscar justicia por los migrantes arriesgando su propia vida: el padre Alejandro Solalinde Guerra, de quien anteriormente en este libro incluí la entrevista que le hice. Él ha llamado la atención internacional con sus constantes denuncias sobre abusos, secuestros y asesinatos perpetrados por miembros del crimen organizado o las mismas autoridades.

"El Ángel de los Migrantes", como algunos lo empiezan a llamar, ha estado al frente de las marchas y las manifestaciones, y se ha plantado de cara a los políticos más importantes del país, incluyendo el mismo presidente de México, Felipe Calderón, para denunciar y exigir soluciones inmediatas al grave problema. Con sus denuncias, el padre Solalinde se ha echado serios enemigos, llegando al punto de recibir varias amenazas de muerte.

Pero su amor por los migrantes y sed de respeto a sus derechos, es más grande que su miedo y ante nada se ha doblegado. Como él, otros sacerdotes directores de casas de refugio para migrantes a lo largo de México se han unido a la causa y a su lucha, y muchas, muchas personas más, así como grupos humanitarios no gubernamentales nacionales e internacionales, han hecho lo mismo.

Otro de los logros alcanzados a favor de los migrantes de paso por México en estos últimos tres años, 2009, 2010 y 2011, años de mayores agravios hacia sus personas, ha sido el considerable aumento de refugios o casas para migrantes a lo largo del país. Cerca de 60 albergues existen en México en la actualidad en el trayecto de la llamada ruta del migrante. Muchos se crearon últimamente como una medida de apoyo y protección a raíz del incremento de abusos, secuestros y muertes que se han registrado en su contra.

Las acciones del movimiento del padre Solalinde y los grupos y personas que se han unido a sus denuncias, también dieron como resultado la aprobación de la primera ley migratoria nunca antes implementada en México y de la cual ya escribí anteriormente en este libro.

Pero no todo viene gratis y la popularidad y buena labor del sacerdote católico Alejandro Solalinde, se ha visto empañada entre algunos sectores de la sociedad debido a recientes declaraciones que muchos han considerado favorables a "Los Zetas". Y es que el 29 de Julio de 2011, en Coatzacoalcos, Veracruz, en el sureste de México, tras la reunión con migrantes, madres de centroamericanos desaparecidos en México y con el Relator de las Comisión Interamericana de Derechos Humanos, Felipe González, el padre Solalinde también representante de la Pastoral de Movilidad Humana Zona Sur-Pacífico, dijo ante los medios de comunicación que habría que pedirle *perdón* a "Los Zetas" por considerarlos "damnificados de la sociedad" y víctimas de gobiernos corruptos.

A continuación, la transcripción de las palabras del padre Solalinde, tal como se publicaron en varios medios de comunicación el 29 de julio, después de sus declaraciones en el sur del estado de Veracruz:

«Les quiero pedir perdón por parte de todos esos gobiernos inhumanos e insensibles que no hicieron nada por ellos. Les quiero pedir perdón en nombre del sistema capitalista neoliberal que los condenó a no tener oportunidades y a no formarse mejor humanísticamente, y después de pedirles perdón y reconocer que son las primeras víctimas de una sociedad enferma y fallida, ahora sí les quiero invitar para que recapaciten, para que se den cuenta que las personas con las que han estado lucrando y que han estado llenando sus bolsillos son sus hermanos, y les quiero pedir en nombre de Cristo que paren esto y en nombre de Cristo que se integren a nosotros; nosotros los queremos y los queremos integrados a nosotros, queremos incluirlos en nuestra familia, son parte de nuestra familia, nosotros no los juzgamos, queremos invitarlos a la fiesta de la convivencia humana».

Estas declaraciones nos cayeron a muchos como balde de agua helada; nunca nadie imaginó que al grupo criminal más sanguinario de la historia moderna de México alguien les fuera a pedir perdón por sus horrendos crímenes, asaltos, secuestros y todo tipo de abusos que cometen, y mucho menos el defensor de las principales víctimas de este grupo delictivo.

La Secretaría de Gobernación de México de inmediato reprobó las declaraciones del sacerdote católico, señalando que rechazaba cualquier declaración que diera la impresión de exaltar a violadores y asesinos haciéndolos pasar como víctimas.

En diversos blogs de Internet, cibernautas de todas partes de la República Mexicana expresaron su desconcierto y rechazo ante tales declaraciones y criticaron duramente al padre Solalinde.

Aquí algunos comentarios extraídos de blogs de Internet, tal como se publicaron y sin corregir la ortografía, y con los "nombres de usuario" de quienes los escribieron:

«Fantasma De La Opera hace 2 meses

Nada mas eso faltaba, que los clérigos con un pasado histórico malo y un presente lleno de pederastia, violación y tranzas ahora les den la comunión a asesinos y gente nefasta como los Z, No cabe duda, que estamos cada día mas enfermos. DIOS ilumina este pueblo en penumbra. Libranos de todo mal AMEN... Voy y vengo, que mis burros ya van lejos.»

«Una Lectora hace 2 meses

Qué pena la expresión del Padre Solalinde de victimizar también a los asesinos desalmados de los Zetas, mancha con eso su gran labor pastoral y hace que la gente se confunda. Concuerdo con muchas opiniones que se han emitido en este mismo espacio: todos vivimos la misma situación, pero eso no justifica que para mejorarla secuestremos y asesinemos. Trastocación de valores: al criminal se le pide perdón y se le justifica y al que trata de cumplir con su trabajo (sea el que sea: militar, profesionista, gobierno, empleado, comerciante) se le culpa de todo. Perdóneme, Padre, pero eso no es una buena interpretación del Cristianismo. Sí, hay que perdonar... pero no justificar a quienes han agraviado a tantas familias y han derramado tanta sangre en México porque han hecho del crimen (llámese narcotráfico, secuestro o lo que sea) su propio negocio.»

«Angelin hace 2 meses

Me parece abominable que el Padre Solalinde justifique a estos seres aberrantes y que los coloque en nivel de víctimas, considero que está poniendo en práctica la doctrina de Bin Laden que justifica sus crímenes por causa de los gobiernos capitalistas a los cuales llama "El Demonio"».

«Antonio hace 2 meses

Ahora sí estamos fritos; "Dios pidiendo perdón al diablo". No se "arrugue" padre Alejandro Solalinde Guerra, siga las enseñanzas de Cristo, y hasta puede convertirse en martir. Amén».

«Ruco hace 2 meses

Alabo mucho la caridad cristiana y la pureza de corazón del dicho padre, solamente de esa manera puedo entender lo aberrante de su declaración. Al hablar de que si los gobiernos corruptos, las injusticias sociales, las condiciones agrestes funcionan como factores para hacer que las personas se conviertan en criminales, y eso les justifíque, es como decir que la población mundial tiene permiso para pecar. Querido padre, seguramente usted ha de ser un firme creyente, y no unicamente en un ser superior, si no en lo que hace también, de otra manera, creo ofensivo para todos los demás que hemos estado expuestos a esos mismos factores y no caimos en la tentación. Aunque creo que ya debe de tener la respuesta, utilizando sus propios criterios le he de decir: cuando creemos en la existencia de un ser superior, y que a Él mismo le adjudicamos el agradecimiento por existir nosotros mismos, también va implicito el que, cuando nos dotó de vida también nos proporciona algo que se llama LIBRE ALBEDRIO y es lo que nos permite que en igualdad de circunstancias actuemos de manera diferente. Es asombroso como los reflectores operan cambios en personas y autoridades, verdad?»

A mediados de octubre de 2011, el padre Solalinde y yo fuimos invitados a hacer dos presentaciones de mi documental *La bestia* en Los Ángeles, California, incluyendo una de ellas en la prestigiosa Universidad de California, Los Ángeles, mejor conocida como UCLA. Durante una cena que degustamos en el hotel donde nos hospedaron quienes nos invitaron a ese viaje, le cuestioné sobre ese ya muy sonado "perdón" que le pidió a "Los Zetas", y es que tengo que confesar que como a muchos mexicanos, a mí también me incomodó su declaración; no podía creer que le pidiera perdón al grupo criminal más sádico y brutal de la historia moderna de México.

El padre Solalinde me aseguró que los medios habían sobre-dimensionado sus declaraciones y que le habían dado más énfasis a lo del perdón y no al resto de la declaración que hizo.

Me indicó que, en efecto, les pedía perdón pero no por sus acciones criminales, sino porque también son víctimas y el fruto de una sociedad enferma y son una prueba palpable de las instituciones mexicanas que están haciendo acciones fallidas. Agregó que estos despiadados criminales no nacieron "Zetas"; fueron niños algún día, surgidos de familias disfuncionales que no supieron sembrarles el amor y el respeto hacia el ser humano, pero que a esas familias la sociedad y las instituciones también les fallaron. Aseguró que jamás se le puede pedir perdón a "Los Zetas" ni a nadie que cometa actos despiadados de ese tipo, y que él como el resto del pueblo mexicano condena las acciones criminales de ese grupo delictivo.

El sacerdote Solalinde Guerra también ha criticado duramente incluso a la misma iglesia católica, declarando que se ha vuelto "estática" y "asentada". En más de una ocasión ha dicho que la Iglesia Católica se quedó atorada "en la Edad Media", que es una "iglesia acomodada, clientelar burocrática que está esperando en su oficina a los clientes, y que tiene que volver a sus orígenes y recomenzar desde Jesucristo". Sus comentarios y críticas a su misma iglesia han despertado reacciones en su contra sobre todo por grupos religiosos muy conservadores.

Sin embargo, su buena labor sobresale por encima de todas las cosas y a pesar de las críticas y comentarios que muchos consideran desafortunados por parte del padre Solalinde, él se mantiene como una figura fuerte y firme. Quizás, al final de cuentas, los migrantes que son recipientes directos de la labor del sacerdote mexicano sean quienes puedan tener la última palabra, puesto que ellos lo ven como la única esperanza que tienen y el más férreo defensor de sus derechos en México.

Conclusión

A pesar de las críticas que ha recibido, el padre Solalinde sigue siendo la voz de apoyo más fuerte que tienen los migrantes que transitan de manera irregular por México, pues el gobierno federal se ha mostrado lento y en ocasiones apático para salir a defenderlos o proteger sus derechos debidamente. La Administración del Presidente Felipe Calderón Hinojosa, al igual que administraciones pasadas, ha demostrado que sólo le interesa el norte y no el sur del país. El gobierno actual se ha aferrado a minimizar la dimensión del problema de abusos a migrantes centro y suramericanos, a no reconocer eficazmente los atropellos y violaciones a sus derechos, y con mucha frecuencia a desconocer o no aceptar el preocupante y alto número de secuestros a estas personas en territorio mexicano.

México está convertido en un estado fallido donde se violentan y se abusan las garantías individuales más básicas de los seres humanos, siendo los migrantes de paso los más desfavorecidos y los más maltratados.

No hay denuncia de secuestro, abuso o asesinato de migrantes que tenga una pronta atención o una solución rápida; vaya, no se logra aprender a los victimarios de ciudadanos mexicanos mucho menos de los migrantes. Tristemente, las investigaciones de casos de este tipo no avanzan, caminan con una lentitud de plomo, y de manera muy frecuente son ignoradas o simplemente jamás se logran solucionar. Muy pocas veces se llega a dar con el paradero de los responsables de crímenes contra estos migrantes.

El problema se agudiza aún más por la profunda corrupción que anida en las instituciones policíacas mexicanas de todos los niveles y las esferas políticas, y por mucho que prometen u ofrecen hacer los nuevos gobernantes conforme llegan al poder, la situación en vez de aminorar crece.

Para mala suerte de los migrantes centro o sudamericanos o de cualquier otra nacionalidad que ingresan a México de manera ilegal con la sola intención de cruzar el país para luego introducirse a Estados Unidos, son los agentes del Instituto Mexicano de Migración quienes más violan sus derechos, y como se ha denunciado en repetidas ocasiones, son ellos quienes más coludidos están con el crimen organizado y esto ha seguido ocurriendo aún después que el gobierno federal ha depurado dicho instituto, desechando aparentemente los malos elementos. El problema sencillamente tiene raíces muy hondas, sigue ahí aferrado como un mal incurable.

De este modo, México es una amenaza para cualquier ser humano que intenta cruzar ese territorio sin documentos legales, venga del país que venga. El gobierno, por décadas, ha sido un títere de los Estados Unidos y con su indiferencia y falta de sensibilidad humana hacia los vecinos del sur demuestra que sólo le importa cuidar los intereses de los norteamericanos. Se ha convertido en un conserje de los gringos que les cuida y les protege el patio trasero. Es un país subordinado de los estadounidenses, y creo que es hora de dejarlos que sean ellos quienes cuiden sus puertas de entrada.

El padre Flor María Rigoni, director del albergue para migrantes Belén, en Tapachula, Chiapas, me dijo muy atinadamente cuando lo entrevisté para el documental *La bestia*, "La frontera de México con Estados Unidos no es Texas ni Arizona sino Chiapas, porque acá se les detiene o cuando menos se les intenta detener, pero en esa persecución por detenerlos llegan los abusos, las extorsiones, los maltratos y con frecuencia la misma muerte".

El padre Rigoni tenía mucha razón también cuando indicó que a los migrantes se les debería dar una visa de paso de por lo menos un mínimo de dos semanas, y seguro que así usarían los camiones, los aviones, los restaurantes y los hoteles, y se convertirían en una derrama económica adicional para el país, y cuando lleguen a la frontera norte, que sea problema de Estados Unidos y no de México. Al final de cuentas, ellos, los migrantes, lo único que quieren es cruzar, no quedarse en territorio mexicano. Pero caemos en lo mismo: México sigue demostrando que su interés y su apoyo son para el norte no para el sur.

Si bien como ya expliqué, hay una nueva Ley de Migración que fue aprobada y ratificada por el presidente de México el 24 de mayo de 2011, pero que hasta el cierre de la edición de este libro en marzo de 2012, aún no entraba en efecto. Dicha ley no otorgaría esta visa de tránsito temporal, que era parte de la propuesta inicial hecha por los grupos defensores de los migrantes que lucharon arduamente por la aprobación de la misma. La propuesta de visa de paso temporal para migrantes fue removida por los legisladores mexicanos, y la nueva ley quedó mutilada, así como quedan los migrantes cuando caen en garras de *la bestia*.

Quiero aclarar que con esta opinión que expreso, no busco crucificar o responsabilizar al pueblo mexicano por la ineficiencia, el abuso de autoridad o corrupción de su gobierno y autoridades. Sólo presento mi sentir basado en lo que vi, lo que yo mismo viví y lo que me contaron migrantes centroamericanos cuando crucé con ellos el país montado en *la bestia*, y en las varias visitas que he hecho en los últimos cuatro años, principalmente a la frontera sur, para conocer más a fondo este problema.

México tiene más gente buena que mala, y los migrantes centroamericanos lo saben y lo reconocen. A lo largo del camino, son los ciudadanos mexicanos que les quitan la sed y el hambre. Sólo hay que recordar a "Las Patronas", en el estado de Veracruz, mujeres de muy bajos recursos económicos que viven cerca de las vías del ferrocarril y que se quitan el pan de la boca para dárselo a los migrantes. No hay un sólo día o un tren que pase sin que ellas salgan a tirarles botellas con agua o bolsas con comida mientras el tren va en marcha. "Las Patronas" de Veracruz –quienes aparecen momentáneamente en mi documental haciendo esa labor– son un ejemplo de la grandeza de corazón que tienen los mexicanos. Y no sólo en Veracruz, sino a lo largo de la travesía por México, el migrante encuentra mucha gente bondadosa y caritativa que les extiende la mano donde se reúnen para esperar los trenes, en las calles o en las casas hasta donde llegan a tocar puertas para pedir dinero, comida o ropa y continuar su camino.

Enfatizo, son más, muchos más los mexicanos que los ayudan que quienes los abusan, pero "Las Patronas" han instituido su labor hacia estas personas, y se han convertido en un ejemplo para todos. Son ellas y los albergues a lo largo de la llamada ruta del migrante quienes sacan la cara por México y nos enseñan, con sus acciones y su trabajo, a humanizarnos más, a ser sensibles ante esta gente y ayudarlos en vez de lastimarlos. México tiene mucha más gente buena que mala y no debemos permitir que por los agravios y abusos de unos cuantos, incluyendo las autoridades y el mismo gobierno, se dañe la imagen de toda una nación buena y bondadosa.

Recursos en-línea

www.pedroultreras.com

www.labestiadoc.com

www.migrantesfronterasur.blogspot.com

www.hisi.org/la_bestia_tragedia_migrantes_centroamericanos_mexico_
pedro_ultreras_libro.html

Para acceder crónicas y galerías de fotos de la "Caravana Paso a Paso
Hacia la Paz", así como una lista con nombres y fotos de migrantes
centroamericanos desaparecidos, visite este enlace:
www.barriozona.com/migrantes_centroamericanos.html

Para más información acerca de libros sobre el tema de la migración publicados por HISI, visitar este enlace: www.hisi.org/libros_migracion_inmigracion_espanol_estados_unidos_ arizona_periodistas.html

HISPANIC INSTITUTE
OF SOCIAL ISSUES

El Instituto Hispano de Asuntos Sociales (HISI, por sus siglas en inglés), es una agencia de base comunitaria en Estados Unidos dedicada a la publicación de libros y audiovisuales en inglés y español, y la revista en-línea Barriozona.com. Fundado en 1998, HISI promueve el flujo de información para facultar a individuos a tomar acción y decisiones informadas. Nuestro marco de acción es educacional e informativo; nuestro lema es servir y educar.
Para más información visite: www.hisi.org/espanol.hmtl

CPSIA information can be obtained at www.ICGtesting.com
Printed in the USA
LVOW10s0112080415

433674LV00012B/47/P

9 781936 885084